教育的本质是自醒

晨圈

每天早上，在固定的时间，大家围成圈，手牵着手，配合歌曲及故事，用身体表现出其中的内容。故事与歌曲依季节的不同进行更换，每月也更换不同的主题，将自然、生活、四季融入晨圈中。进行当中，孩子配合着歌及故事，以韵律（呼吸节奏）的方式来表现，这些印象深刻的歌及晨圈动作，常会在自由游戏中，透过孩子们自发的行为，成为一种自主性活动的再现。

晨圈是集合外在世界善美真经验的一种浓缩形式，可以协助孩子的身体布局和空间定位，对于将来学习的专注力有很大的帮助。

每天早晨，老师带着孩子做晨圈律动

在户外，孩子们也自动围圈圈边唱边跳

户外，孩子们在玩晨圈的游戏

自由游戏

提供适当的环境，孩子会自己创作游戏。孩子可以自由地选择他想要的玩具、他想要建造的空间，进行独立或团体的游戏。在这个过程中，老师并不介入，只让孩子发挥自己的想象力与创造力，完全将主导权交还给孩子。七岁前的孩子并非靠头脑来理解，而是透过生活来形成自我，这其中非常重要的是“模仿”。孩子将自己感受到的印象全部吸收后，由其中挑出自己感动的部分，再加以模仿，形成自我的表现。这样的自我表现，在自由创意游戏中，能很轻易地发现。同时让孩子体验到：我在这个环境中决定做什么，然后我就能做到。

地板游戏
——孩子藉由各种天然素材创造自己的新世界

故事游戏
——孩子们边玩边创造故事

故事游戏
——一个人也可以专注开心地玩

户外的自由游戏
——探索自己的身体可以做什么

户外的自由游戏
——探索自己的身体可以做什么

户外的自由游戏
——探索自己的身体，换个角度看世界

户外的自由游戏
——探索自己的身体，大孩子也喜欢这样做

户外的自由游戏
——自然探索，好奇而专注地探索大自然

户外的自由游戏
——自然探索，他们那么专注在看什么呢

户外的自由游戏
——原来在观察这只蚂蚱啦

户外的自由游戏
——自然探索，下雨过后有虫出来了，仔细观察

户外的自由游戏
——自然探索，这个世界的一点一滴都那么吸引孩子

户外的自由游戏
——搜集落叶串成美丽的花朵

户外的自由游戏
——玩降落伞，感觉秋风的到来

户外的自由游戏——搬运工的游戏，孩子自己以游戏的方式负重来锻炼意志力

户外的自由游戏——打赤脚在大自然中散步，有助于孩子的初阶感官发展（触觉、生命觉、运动觉、平衡觉）

夏日戏水

跳绳
——全身都动起来

跳绳
——六岁以上的孩子应该要会跳绳

滚轮胎

——对平衡觉的发展有很大的帮助

轮胎也可以这样玩哦

奇怪，他是怎么爬上去的
——探索自己的身体可以做到什么

玩沙除了触觉经验，也可以创作哦

在沙坑玩也可加入不同素材

玩泥巴和玩沙的触觉不同

泥巴 实在太好玩了

偶戏

这是华德福教育特有的活动，以配合当时的节庆和教学工作。可以以桌子为舞台，铺上棉布或丝巾等天然的布料，再利用石头、贝壳、木头搭制成不同的场景。等孩子们坐下安静后，老师会用五音琴做为开场，再将丝布掀开，进入偶戏。对孩子们而言，偶戏呈现出一个更为真实且立体的空间。提线偶戏通常在节庆和重要的日子进行，日常教学中的餐前故事偶戏，通常用桌面立偶表演。

老师演布偶戏给孩子看，孩子专注地看戏，有助于生命觉、听觉、语言觉和思想觉的发展

烹饪

孩子与老师一同动手制作简单的食物，在制作的同时，让孩子感受食物的变化，手腕和手指小群肌肉的练习，器具的使用，以及完成后的成就感。这也是孩子充分体验将想象和计划转为现实的一个好途径。

煎葱油饼，很会做事吧

打蛋搅拌做蛋糕，过生日的孩子自己学做蛋糕分享给其他小朋友

用力揉面团要做馒头

大班的孩子会用刀子切水果了

清洁

清洁一个空间，是表示你的关心和体贴。干净、整洁的房间会产生很不同的效果，孩子都是敏感的，一定会感觉得到，因此，清洁是关心他人的不可分割的一部分。同时，清洁过程中，你要把心思集中在做的事情上，这会使用到很多不同的触觉经验，也是使用身体锻炼意志力的机会，并学会尊重和照顾好已经拥有的东西，让孩子和所有物之间建立起真正的关系。

清洁工作
——擦门窗及地板

清洁工作
——认真专注地擦自己的鞋柜

学妈妈背着娃娃工作
——晾布巾

仔细地把自己的椅子擦得又亮又干净

全班小朋友把玩具宝贝拿出来晒太阳

夏天到了，把戏水池刷干净，准备要玩水了

清洁沙坑中的落叶

农耕与园艺

让孩子认识大自然，认识大自然的神奇。通过与植物、土壤、动物接触，感受天气、阳光、四季的变化，留下美好的心灵体验。通过照顾一块土地，培养责任感。

翻土捡石头，挖到了蚯蚓

种菜

浇水

收获了！把丝瓜割下来

采收一条茄子，好神奇的经验

手工

将手工活动穿插在创意自由活动中。每个缝制出来的作品，都是独一无二的，如同用自己的双手，孕育出另一个新生命。通过手工制作，孩子们懂得了如何去爱，完成后，懂得了如何去珍惜自己的劳动果实。手工的内容主要有毛线编织、绒布玩具、编篮子、做木工，等等。

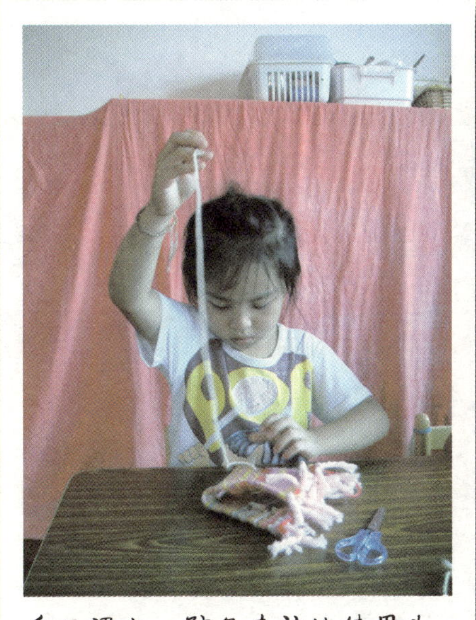

手工课上，孩子专注地使用头、心、手来工作

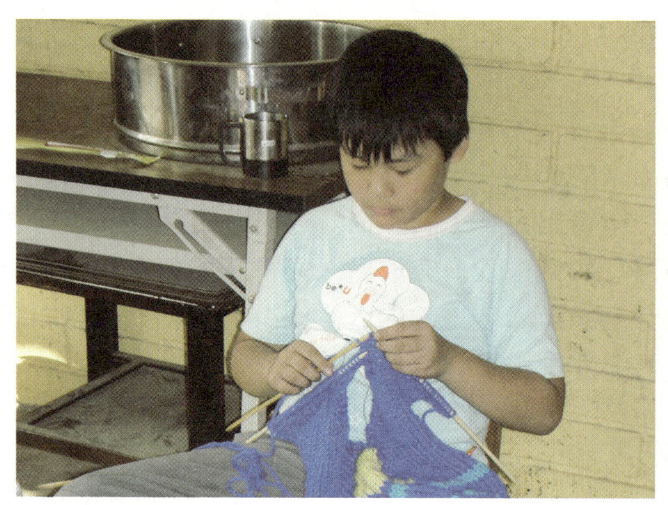

专注地打毛衣

三四年级学生自己打的毛衣，包含数学的概念、形线画及手工的技法

低年级孩子自己编织的笔袋

从简单到复杂的各种手工，展现出孩子的内在能力发展

病是教养出来的 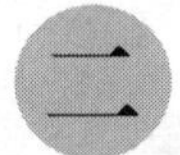

爱与碍

许姿妙 著

海豚出版社
DOLPHIN BOOKS
CIPG 中国国际出版集团

目录

作者序

学习教养孩子，
自己蜕变成为更好的医生

几个礼拜前，我在诊间为病人针灸，病人冷不防地冒出一句：“许医师，你现在看诊的模样真像是一位天使。”哎呀，这是我所赢得过的赞美当中最令人“耳目一新”的说法了。我忍不住请教这位病人，为什么会有这样天外飞来的“灵感”呢？

这位病人和我已经认识十五年，身体有状况的时候，就会来诊所寻求协助。只见她笃定地说道：“对呀，我十几年前认识的你，和现在完全不一样耶！你已经没有以前的急性子，对病人更温柔有耐心了。”

喔喔，原来我一直想要在人前隐藏的急性子，连病人都看得一清二楚。从小，妈妈就常骂我说：“你为什么这么‘躁性’！”这个台语的“躁性”，已经说明一切。但是我当时年纪小，不明白自己急躁的性子令人非常不愉快，也让妈妈吃不消。

我是典型火相性格的人，做起事情十万火急，立刻就要看到结果。而火相气质的人随着年纪渐长，变得更有能力以后，还会越发的自以为是，因此我刚烈的性情变本加厉，而且绝不妥协。

这样的性格特质有好有坏，并不全然都是负面，但是当它的缺点已经让旁人感到困扰的时候，就必须有所调整与改进。然而我身边始终缺乏对的人，或者应该说，我始终没有遇到那命中注定的“克星”，来修正我性格中的缺失。婚前，父母拿我无可奈何，而婚后，我的另一半和我也有相似之处。土相气质的他不喜欢热闹喧哗，我也是不多话的人； 他在某些方面同样是个急惊风，又是就事论事的事务导向型作风，和我颇为相似，所以我还是能够继续自己原本的“我行我素”。

一双宝贝对我的潜移默化

直到我们生下第一个孩子，事情出现了戏剧性的转变。我们的女儿是风相气质的孩子，风相人具有以情感为导向的特质，所以她从小个性迷糊、忘东忘西，平常就喜欢自言自语，不时大声唱歌，情绪起伏像是坐云霄飞车。这和外子喜欢稳定的气质，和我一

【外子】丈夫。

贯坚定的特性呈现两极化路线，也让我们在孩子的教养上充满挑战。女儿看到惊人的画面会大声尖叫，遇到出乎预料的事会高声嚷嚷，完全外放式的情感表达经常让外子感到惊心动魄，甚至不耐烦。

但是随着孩子日渐长大，我领悟到女儿带给我们这对事务导向、风格一板一眼的父母很大的学习。尤其是女儿和妈妈比较亲近，我和她的相处时间特别多，在她青春期情绪多变的日子里，在她高中时期情窦初开的阶段，我陪伴她越多，越发现这个心地善良、情感多变的孩子是多么的可爱。不知不觉间，我也受到她的影响，个性逐渐变得柔软，遇事遇人懂得耐心对待；透过她，我看到人生原来有丰富多样的变化性，而不再只是土相气质的直线性思考，或是火相气质的只问结果而不懂欣赏过程。

女儿四岁的时候，我们又生了一个儿子。这个水相气质的孩子同样属于情感导向型。他个性甜美而柔软，情感相当丰富，但是水相缓慢的行事步调，对我形成最大的挑战。

我的工作十分繁忙，每天下班已经筋疲力竭，却还是想要把握一天最后的短短几个小时，与孩子亲密接触，帮他们洗个暖呼呼的澡。但儿子总是拖拖拉拉，让我心里又急又气。早上要带他上幼儿园，他也非要赖床一小时不可。

一开始，我试着硬要拖他下床，可是小家伙就是有本事和我长期抗战。学习人智医学以后，我才知道水相的人凡事都要“等一下”，和我火相“说风就是雨”的个性“天生犯冲”。陪伴儿子成长的过程，就是对我的耐性大考验，他让我看到全然不同的另一种“慢吞吞的人类”。如果换成是别人，我早就掉头走人，偏偏他是我儿子，我必须要耐心等他。

我在女儿身上学会柔软弹性，与欣赏生活的多变；在儿子身上学会把步调放慢，收敛起自己急躁刚烈的性情。因为任凭我个性再怎么强硬，遇到这两个孩子就一点都不管用。

孩子是父母天生的老师

陪伴这一双宝贝成长的十多年当中，我的个性不知不觉改变了。虽然想要完成的事仍然多如牛毛，但是我学会了耐心等待。当年，我接受的教养方式没有办法平衡我火相急躁火爆的特质，如今却被我自己的两个孩子给磨得两面发光。

孩子来到我们的家庭，其实是要带领父母进入另一段学习的旅程，来平衡父母的某些不足或缺点。父母如果不能体会这个事实，硬要用自己的权威来压迫孩子服从自己，不但会因此失去自我学习和再度成长的机会，也会伤害了心爱的孩子。

我由衷感谢自己的两个孩子，因为他们，我开始涉猎教育领域；为了好好地教养并且陪伴他们，我也学习了人智医学。在学习成为好父母的过程中，又增进了我成为一名好医师的能力。毕竟，纵使我真的具备了良好的医术，但若是对病人缺乏耐心，也绝对称不上是良医。

写在本书之前

如何爱孩子才是真正对孩子好

常听人说“天下无不是的父母”，这句话是有待商榷的。父母或许都爱自己的孩子，但是爱孩子也必须用对方法。我们并不是从孩子哇哇落地的那一刻起，就自动成为了合格的父母，而是有了孩子以后，才开始学习为人父母。为人父母是要学习的。我们对待孩子的方式，往往是延续父母对待我们的方式，它可能是值得骄傲的传家精神，却也可能是代代贻害的恶因。

我自己有了孩子以后，遭遇到很多养育上的困惑，迫使我不断寻找解答。又加上多年的门诊，让我看到很多一再被同样病情所困的人，他们之所以会生这么严重的病，甚至始终不能痊愈，都和成长过程中接受到的教养和对待方式有很大关系。这一切让我对教育的重要性有了更深刻的认知，于是十多年来积极参与国际人智学相关课程训练，包括“人智医学”与“华德福幼教训练”课程。

《病是教养出来的（一）》出版以后，获得海内外读者极大的回响。身为一位中医师，我写过十多本书，偏偏就是这一本阐述教育理念的书回响最大，可见现代父母与教育工作者都面临很多教养孩子的难题，却苦无解决的出路。

接续“病是教养出来的”主题，我要在本书继续和大家分享个人身为华德福学校驻校医师的所学所见，并且将它和我中医师本业的行医体验、个人亲身感悟，做系统的整合与阐述。本书的主题，就聚焦在“爱与碍”。

我们都希望孩子是有能力的人，有了能力，他们就可以经营幸福的美好生活。但是“能力”两个字包罗万象，究竟哪些能力才是真正可以让孩子受用一生的宝？哪些能力的追求却是徒劳无益？我会在本书第一章，说明意志、情感、思考三大能力的重要性，与养成的阶段和方法。

第二章，我要切入“爱”的第一主题，并且用实践三个R，也就是有规律的生活节奏（Rhythm）、重复性的事物学习（Repetition）和崇敬的态度（Reverence），来体现父母对孩子的爱。

第三章进入本书的第二主题“碍”，我也会用三个L，也就是声光刺激（Light）、让孩子变得懒惰（Lazy）、限制孩子（Limit）来说明大人如何经常在不自觉间犯了妨碍孩子健康成长、剥夺孩子安全感、让孩子难以感受大人爱心对待的大忌。相对于实践三个R能让孩子充分感受到父母的爱、建构健全的身心发展，三个L却是在把孩子推向不幸。

期待本书能为大家拨开教养的迷雾，清楚知道如何做才是真正有益于孩子，又有哪些以爱为名的教养迷思，正是爱之适足以害之。希望本书有助于解决读者心中的疑惑，对促进亲子和谐发挥实质的效用，让我们的下一代都能迎向欣欣向荣的幸福未来。

第一章

三大内在能力，是孩子迈向幸福未来的通行证

三大内在能力，是孩子迈向幸福未来的通行证

想把孩子送到华德福学校就读的家长，最大的疑虑莫过：接受华德福体制外教育的孩子，将来出社会能有竞争力吗?

我想，忧心的家长们最在意的，是在华德福教育下长大的孩子是否具备人类最基本的生存能力，也就是养活自己与家人的能力，而后进一步在社会上享有成就与地位。这也是所有关爱孩子的家长都会提出的疑问。

会把孩子送进某一所学校，接受某一个体系的教育，父母心里必定有想法，对孩子存有某些期望。我曾经在演讲会上请教与会的父母，期待自己的孩子将来成为什么样的人？有着什么样的人生？年轻的父母满怀希望地说出他们的心愿：

希望孩子成为他自己，过着幸福的人生。

希望孩子快乐地长大。

希望孩子成为有用的人，能回馈社会。

希望孩子成为有能力追求自己想要的人。

希望孩子拥有健康的身体。

希望孩子成为负责任的人。

希望孩子成为尊重别人、尊重自己的人。

希望孩子成为孝顺的人。

希望孩子成为有爱的人，懂得感恩和满足。

这些看似非常理想化的答案，却是我们千真万确的期许。但是各位可曾想过，从眼前还在牙牙学语的孩子，到长成我们理想中的大人，这期间要经历多少试炼和挑战，遭受多少次无情摧毁、无奈放弃，最终还是必须回归到现实面去完成所有的努力。很多父母想到这里都不免胆怯，对未来感到忧心忡忡……

孩子成长的两股力量

华德福教育致力于培养孩子成为一个“身心灵平衡的自由人”。它有三个重点，就是身心灵平衡、自由、人。

毫无疑问的，孩子哇哇落地的时候是个人，但是他长大以后，还是个人吗？不适当的教育可能让一个人长大后成为连畜牲都不如的怪物。我们不是会骂一些恶行重大的人“猪狗不如”吗？这表示如此的人虚有人的形体，但是内在的道德感连牲畜都不如。所以说，不是生而为人，就能保证一辈子都是人，万一教养不好，可能沦落到不是人的地步。

孩子长大以后可以决定自己要做些什么，并能为自己所做的结果负责，这就是“自由”。创立人智哲学的史代纳博士认为，要让一个孩子发育成为身心灵平衡、可以完全为自己负责的自由人，需要二十一年的教养时间。这二十一年当中，会有两股力量注入这个生命体，一股是由上往下灌注的力量，让孩子的肉身得以成长；另一股力量则是从下往上提升的力量，供应孩子内在的能力发展。

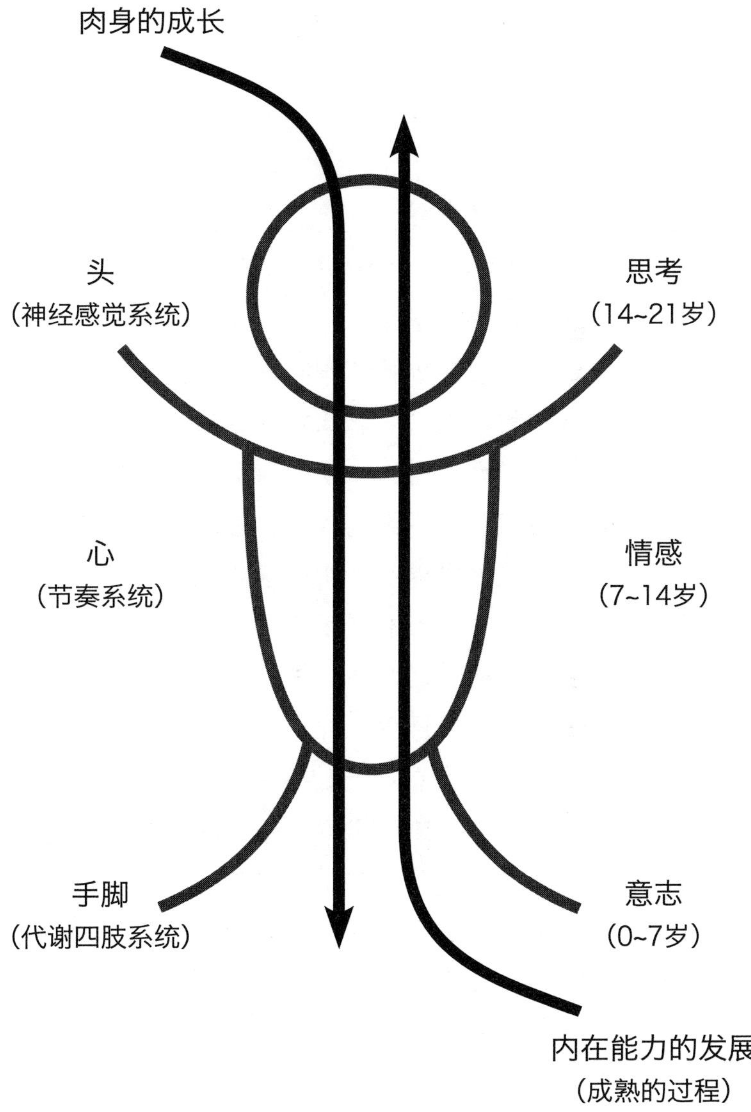
肉身的成长
头
（神经感觉系统）
思考
（14~21岁）
心
（节奏系统）
情感
（7~14岁）
手脚
（代谢四肢系统）
意志
（0~7岁）
内在能力的发展
（成熟的过程）

COLUMN
关于人智医学与华德福教育

华德福（Waldorf）教育是依据哲学家鲁道夫·史代纳（Rudolf Steiner，1861年2月27日~1925年3月30日）的教育哲学来设计的，目的是要全面照护孩童的身心灵健康，为社会孕育更美好的下一代。

这位奥地利的哲学家有感于工业革命后的西方文明过度物质化，思想更强烈倾向物质主义，衍生出凡事讲求实证的科学观，一切都要“眼见为凭”。相对之下，东方对“无形世界”就保有更多的想象和容许空间，并且肯定精神世界的存在。他想要唤起西方社会重新认知“灵性世界”，明白宇宙不是只有物质而已，并试图连结人与自然、宇宙间的灵性，启发人对自然界、宇宙间的一切产生感恩与敬虔的心。人智学的目的在于教导人如何以正确、客观的观察及方法走进灵性世界，创造现代及未来发展的福祉。

人智哲学对当今世界的影响遍及教育、特殊教育、艺术治疗、医学、科学、音乐、绘画、优律思美、剧场、农业、建筑、企管等领域。其中的“人智医学”研究发展体系，在这一百年来开始影响主流医学。

肉体成长的力量

幼儿的体型特征就是头大身体小，而且头部成长最快，到三岁左右，脑部的神经感知系统就已经完成基本架构。这一股肉体成长的力量会从头部逐渐向下灌注，十岁到十二岁左右心肺节律系统发育完成；十六岁到十七岁时，代谢系统和四肢骨骼系统发展趋于完备。

从身材的整体比例来看，孩子的头出奇的大，相形之下，身体显得很瘦小。直到七岁之前，都还是维持头大身体小的比例。但是随着孩子跑跳玩耍，一再活动四肢和身躯，身体会不断茁壮长大，逐渐和头部形成正确的比例，发育为成年人的体型。

谈到这里，就一定要提到一般人对幼童智力开发的普遍误解。许多幼儿教育的派别主张，大脑建构神经感知连结的三岁前，是智力发展的关键阶段，因此要积极强化幼童的认知功能，为智力开发抢先打下基础。这真是天大的误解。

脑部的神经连结与传导的确是需要外在的刺激加以强化，但并非所有的外在刺激都能达到效果。对这一阶段的大脑而言，读书、写字、用计算机、学技艺，都不是真正有益大脑发育的良性刺激。

想要孩子的大脑神经传导及连结得更细致而健全，就必须让孩子多多使用肢体（特别是四肢末梢），并给予全身皮肤适当的刺激。这些神经末梢的冲动会传递到脑部，藉由这一过程，脑部与身体各部位将产生良好的讯息连结。

内在发展的力量

肉体有一定的成长顺序，人的内在能力也必须配合脑部、心脏、四肢的发育，逐渐成熟。人智医学认为，人生的第一个七年主要发展意志能力，第二个七年主要发展情感能力，第三个七年则以发展思考能力为主。华德福教育的目的，就是要让我们的孩子在二十一岁成年时，具备意志、情感、思考三项内在能力。当一个人拥有这三大能力的时候，他就能做个真正为自己负责的人，实践人生理想。

COLUMN
透过肢动活动激发脑力，才是长远之道

坊间很多的教育理论，都主张把握七岁前的脑部发育期，好让孩子的反应更快，更聪明。为了达到这一目的，出现了各种智力开发课程，有些父母迫不及待地让孩子读很多书，写很多字。如果注意观察，你会发现接受这些大脑刺激训练的孩子，体型会开始出现变化——头越来越大，身躯却越来越瘦小。我们在很多体制内学校的学童身上，都可以看到这种“小学究”的体型。不但如此，他们脸上往往还会附带一项配备，那就是一副可以突显其饱读诗书气质的眼镜。

台湾的小学童近视比例出奇的高，即使是禁看电视和电脑、不准玩电玩的家庭，同样不得幸免。这是因为提早学习过度刺激大脑，提前把孩子应该用于充实眼睛发育的能量消耗掉了。

四肢末稍是神经分布最密集的部位，透过活动肢体，既可以对脑部发育形成良性刺激，又能均衡发展肢体，让孩子拥有发达的四肢和聪明的头脑。也就是说，有助于脑部发育的刺激方向，应该是从肢体往头部，而不是直接针对脑部做文章。

意志、情感、思考，缺一不可的能力教育

台湾的生育率年年下降，政府公布的数字显示，自1950年代平均每一名妇女会生7名子女，到2009年，平均每一名妇女只生1.03名子女；而2009年的新生儿人数只剩下30年前的一半。最近这两年，政府意识到人口老化问题的严重性，开始鼓励生育，不过似乎成效不彰，育龄男女对生养下一代似乎显得意兴阑珊。

我就常听到身边受过高等教育的顶客族说，与其养孩子不如养宠物，因为现在的孩子难教导，不能打又不能骂，还不如养宠物，省去烦心的教养问题。拥有社经地位的人尚且如是想，难怪越来越多人宁可把宠物当孩子养，而不愿意生养孩子，不愿意用心当父母的想法也逐渐当道。正因为好不容易下定决心生了一两个宝贝孩子，所以大人无不对下一代寄予厚望，希望孩子将来出类拔萃，具备强大的竞争力，成为社会的精英、国家的栋梁。

早年的我也会为孩子的教育感到彷徨犹豫，然而现在的我深信，华德福教育会是父母达成理想的坚实后盾。这是因为华德福教育所特有的理念，也是我们致力培养孩子内在发展的三大能力，正是实现父母以上诸多期待的基本条件。这三大内在能力，分别是意志能力、情感能力、思考能力。

【顶客族】丁克族。

一个人具备这三种内在能力，就等于拿到了一张迈向幸福生活的通行证。

培养孩子的意志力，7岁前是关键

意志展现于“有能力追求心中所求”。有意志力的孩子会有所追求，而且能够付诸实际行动。简单地说，意志力就是“用身体去实践的能力”。中风的病人心有所想，却身不由己，无法付诸行动，必须依赖别人的搀扶和代劳，所以是“瘫痪的人”；现在也有不少“意志力瘫痪”的孩子，虽然四肢健全，却只能空想而无法行动。

我的门诊不时会有皮肤长干癣的孩子来求诊。这是一种免疫系统疾病，影响治疗成效最关键的因素，就是患者必须早睡，最迟不能晚于夜间十一点钟就寝。但是病人的父母经常向我抱怨：“这个我管不动啦！催他去睡觉，他根本不理我。只会嘴巴一直应‘好’，身体却动也不动。”

这些父母的抱怨，已经充分点出了“意志力瘫痪”的典型表现。孩子脑子里光想着“时间到了，我该睡觉了”，但就是无法将自己的身体移动到床上去，和中风瘫痪的人几乎没有两样。

“意志力瘫痪”的孩子通常在七岁前都缺乏足够的肢体活动，停留在“光想不做”的阶段，所以无法发展出健全的意志力。也就是说，教养学龄前的孩子，应该让他们用四肢去做事，除了良性刺激脑部神经发展以外，更重要的意义在于培养孩子的意志力。

意志力是用身体去实践的能力，它的主要重心在于身体的肌肉。人体的肌肉只要几天不用就会失去力量，所以意志力需要持续不停的锻炼，终其一生，我们都必须保持四体勤快的好习惯，以便维持坚强的意志力。而这样的好习惯，应该从小养成，关键就在于七岁以前。

意志力的神奇魔力

一位五十岁的妇人，因为身体虚弱来看诊。我很好奇她为什么把自己累到这个地步。听她娓娓道来，才知道眼前瘦弱的妇人原来有一段心酸的坎坷遭遇。

这位太太说，大约十年前，她的先生经商失败，负债千万。很多人面临这样的人生剧变，从此一蹶不振，但是这位太太却发挥了惊人的强大意志力，她靠着卖小小的饭团，在十年之间还掉了千万元债务。

卖饭团不过是小生意，妇人又只有一个小摊位，每天收入相当有限。但是她凭着自己灵活的头脑，改良精进做出好吃的饭团。她早上把摊位推到学校门口，下午则改到邮局门口做生意。她十年如一日地包着一颗颗饭团，还清千万债务，从此终于可以和先生过上无债一身轻的日子。

一个几十元（新台币）的饭团，对比上千万元的债务，实在微不足道。但是一个人的意志力竟可以让不可能成真，着实让我不得不再次赞叹意志力的神奇魔力，它对于一个人的成功与幸福，发挥着何等重大的作用。

现代教育尤其必须加强意志力的养成

现代的信息社会，和我们当年小时候的工商社会，还有我们上一代的农业社会，已经是截然不同的生活型态。因此教育方式也必须因应时代的改变而做出重大的修正。

我从我的妈妈身上，看到出生在农业社会的人所锻炼出来的强大意志力，是我们后辈远远不及的。一甲子以前的台湾，大多数人都务农，天天从事体力劳动，已经习惯用四肢去做事，他们的生活当中充满了可以锻炼意志力的活动，像是徒手洗衣服、升火煮饭、步行数小时去工作，所以这些世代的人养成了惊人的意志力。

几年前，我带着妈妈和孩子一同到日本做自助旅行。当我们已经疲累不堪、寸步难移的时候，我七十岁的妈妈还能面不改色地大步前进，这就是从小充分运用四肢所锻炼出来的强大意志力。只要是自己想要做的事，他们就会义无反顾地用身体去完成。

我这个1960年代的人，在小学毕业以前，还有机

【一甲子】六十年。

【　注　】1人民币元=4.8509台币；1台币=0.2061人民币元。

会从事很多肢体活动。学校下课以后，玩伴们会一起在户外玩跳房子、骑脚踏车、跳绳……直到天黑才回家吃饭。但是上了国中以后，就很少有机会活动肢体了。绝大部分时间都必须坐在书桌前，准备考第一志愿高中。上了高中以后，又要努力K书准备考医学院。

到了我的孩子这一世代，从两三岁读幼儿园开始，就要坐在教室里听老师讲英文、算算数、写ㄅㄆㄇ；日常生活中，洗衣服有洗衣机，洗碗有洗碗机，主要的玩乐都围绕着电视和计算机屏幕，无一需要活动身体，只要一只手指头按下去，就有机器可以代劳。从小养成四体不勤的习性，让他们意志力薄弱，一点点挑战就能吓退他们，所以现在的年轻世代被视为弱不禁风的草莓族。正因为如此，我们更要刻意在教育上鼓励孩子从事体力活动，藉以锻炼意志力。

华德福学校从幼儿园开始，就不断安排各种活动肢体的课程，让孩子用身体去学习。例如早上一进学校，就先让孩子用自己的全身去玩自由发挥的游戏，接下来有老师带领晨圈律动，其他像是揉面团、捏蜂蜜蜡等课程，还有每周的清洁日，让孩子洗自己的玩具和游戏布，清洁校园的沙坑和戏水池，擦鞋柜和桌椅等，都是为了让孩子透过各种活动来使用身体。

进入小学和国中课程以后，有更多需要动手做的课程，像是打毛线，做木工、手工、金工，还要爬山，从事简单的农耕。到了高中，孩子们必须在烈日下真正到农田里耕种、除草、插秧，登山课还要开拔到大山去，甚至是挑战台湾百岳。我们的高二生要接受职业实习课程，到自己有兴趣的职业相关公司行号或店家，投入真正的工作……像这样，华德福的课程就是以丰富的肢体活动贯穿整个学习过程，以期让意智力发展到最高层次。

意志力的养成在于肌肉的锻炼

我的女儿以声乐为主修，必须天天练习唱歌。她风相的气质，让她先天在专注力以及意志力的持续上比较差，所以在一对一的声乐课上，常会听到老师提醒她不要恍神，她也常唱着唱着突然中气不足，半途而废。这两项缺点成为她学艺之路上难以突破的关卡。

然而就在高中二年级，班上的登山课去爬了一趟嘉明湖以后，她突然“开悟”了。女儿告诉我说，登山真的是非常困难的事情，在攀登三千多公尺的过程中，只要稍不专注就会滑下来，好几次她都以为自己会没命，不过她最后还是活过来了，而且成功登顶。她说：“我现在发现唱高音没有那么难了。那么高的山我都能爬上去，用自己的声音唱上高音有什么困难！”

去登山的那几天，她都无法练唱，但是回家后上第一次的声乐课时，老师称赞她进步了，而且唱高音的持续力更强了，因为她不再轻易放弃。我知道这是

【台湾百岳】由台湾省登山界闻人所选定标高三千米以上，拥有奇、险、峻、秀，且山容起伏明显的一百座台湾山峰。

【公　　尺】米。

经过登山的锻炼，她的意志力更坚毅了，她也在攀爬之间，无形中养成了更长久的持续专注及坚持能力。

几个月后，女儿参加学校的职业实习课，必须每天在实习的蛋糕店一站八个钟头，只能在午餐时间稍做休息。站过的人都知道，连站两个钟头就会腿酸不已，但是她咬牙熬过一天站八个钟头的实习训练，而且连做两个星期直到结业。这期间，她累到回家后倒头就睡，根本没有余力练唱。谁知道两个星期后去上声乐课，老师又称赞她进步了。女儿不敢置信："为什么荒废了两个星期没有练唱，老师还说我进步了？"

我告诉她，身体的锻炼不只是外在的肌肉，还有内脏和声带的肌肉也同时受惠，因为它们都同属于肌肉系统。而身体的劳累是发展生命觉的重要关键，经过两个星期严酷考验，让她有如"浴火凤凰"，开启了不同的知觉体验，也练就了更厚实的"内力"。

对孩子的功课寄予厚望的父母，常常会死心眼地把孩子钉在书桌前，不让他们有机会离开课本；想要孩子在乐器上大展长才的父母，就要孩子不间断地苦练乐器。这种"十年磨一剑"，其余都断然舍弃的做法不仅悲壮，而且效果往往不如人意。

相反的，我从华德福教育看到很多学习成功的孩子，他们从丰富的生活经验中广泛吸取养分，让自己的专业科目得以茁壮，结果充分享受了多彩多姿的青春年华，也得到良好的学习成效。

培养孩子的情感能力，7~14岁是关键

意志能力、情感能力与思考能力的培养，是我们一生的功课，不过它们的发展会在生命的不同阶段占有不同的比重，对于7~14岁的孩子来说，尤其要重视情感能力的培养。

这期间正值孩子小学到国一的学龄阶段，我们要让孩子对学习有感觉，也就是对他们的所学产生情感，发展出情感能力。 简单地说，就是要“培养孩子爱人与被爱的能力”，以及与人互动的能力，让他们不但有能力去爱别人，也有能力接受别人的爱。

或许你会认为爱的能力是与生俱来的，根本不必特意去学习。在正常成长过程下长大的孩子，的确是应该发展出健全的爱的能力。但是对一些孩提时代未能被正确对待的孩子来说，爱人与被爱是非常困难的事，这样的孩子长大以后，会变得人际关系疏离，甚至憎恨这个世界。我们都希望孩子拥有一颗柔软的心，不要发展成为愤世嫉俗的人，所以切莫忽略了情感能力的重要。

心中没有爱，人间如同地狱

我有一名罹患乳癌的四十多岁病人，经过西医的手术切除与化学治疗，配合中医的调理，始终见不到应有的治疗效果，而且病情还不断恶化。我觉得很纳闷，于是问她，生病的这些日子以来，是否情绪一直很低落？病人像是被说中了心事，当场泪水溃堤。

她说，当年娘家父母就十分反对这门亲事，因为他们觉得女儿托付终生的对象相当冷漠，嫁给这种人将来不会幸福。但是被爱情冲昏头的她完全不听劝，执意就是要嫁。婚后，她和先生胼手胝足，事业经营有成，也累积了可观的财富，正要开始享受美好人生的时候，她竟罹患乳癌。

就在她最需要安慰的时候，亲密的人生伴侣却翻脸不认人，不但另结新欢，还一再侮辱她，说罹患癌症的人已经是无用之人，这个家不再需要她。最后还把小三堂而皇之地带回家，想要逼她知难而退。

壮年罹患癌症的打击已经叫人难承受，丈夫的薄情寡义更是把她推入人间地狱，难怪医生用尽方法，也很难治愈她的病。时间再往回推，是什么样的早年教养，把她的先生调教成这样无情冷酷的人呢？

孩子爱人的能力，基本上是从母亲身上学习得来的。所以我很好奇：病人的婆婆是个什么样的人？这才知道，她的婆婆刻薄寡恩，在她的公公罹患癌症时，婆婆就成天诅咒老公去死。可以想见这样的人心中必定缺乏爱，因此孩子从她的身上也很难学习到爱人与被爱的能力。这位先生对待癌妻的态度，只不过是重演当年妈妈对待癌父的态度而已。他的无情无义，是从父母那里学会的情感对待关系的翻版。

没有爱的人，不只是自己的情感枯竭，还可能危害身边的人，连最亲密的家人都一同不幸。这绝对不是多少成就或财产可以解决的。

过度重视孩子世俗成就的教养悲剧

报载某就读台中第一志愿的高中生，一个人从乡下来到台中市求学。他的妈妈从事教职，对孩子的课业要求十分严格。这孩子的课业成绩从小就名列前茅，果然考上第一志愿高中。但是他对高中生活适应不良，后来就经常旷课，学校于是通知家长前来处理。

妈妈找到这孩子，当头就是一连串破口大骂，数落他不成材。孩子向妈妈强烈表示自己不愿再上学，妈妈丝毫不关心他为什么会有拒学的念头。是不是学习遭遇瓶颈？自理生活起居有困难？还是人际关系出现问题？她当下的第一反应，竟然是立刻拿起手边的刀，作势要割腕，威胁孩子说：“你不去上学，我就死给你看！”孩子被妈妈的激烈言行吓坏了，只得乖乖去学校。但是才不过几天，他就跳楼自杀了。

当孩子从父母那里得到的只有压力，而没有感受到父母的爱，他们就会失去被爱的存在感。加上从小不停地啃书，和自然界的美好事物失去连结，因此当他的内在受到伤痛挫折时，他对世界，甚至是自己的母亲都不会有任何留恋，说走就走，十分“潇洒”。

情感未能健全发展出来的人，会与他人感情疏离，对世界怀抱憎恨，最终让自己无法继续活在这个世界上。试问有哪一个父母，希望自己的孩子过着如此悲惨的人生呢？然而，就是有不少父母太重视孩子的世俗成就，以至于忽略了他们的情感发展，终于造成教养上的悲剧。

让孩子感动的学习，
就是情感教育的基础

孩子的小学阶段应该是在健康的情感基础上去认识这个世界。情感教育不同于一般的自然教育，它是透过情感对外在产生的感受去全观地认识世界。歌德说：“一个人只能理解自己所爱的。”所以情感教育必须以爱为出发点，而不只是知识性地认识这个世界。这与一般强调的自然教育是不同的。能触动情感的学习，才能让孩子印象深刻。如果小学阶段的学习是一种强迫性的学习，老师的教法不能让孩子产生感动，就等于是在摧毁孩子对世界的兴趣和热诚。

有感而发的学习远远胜过填鸭式的强记，因为没有情感的学习无法令人产生深刻印象，学过就忘，孩

子也就完全无法对学习产生兴趣。大约我这个年纪的人，聊起以前在中学阶段学了那么多的数理化，拿来应付考试以后，几乎都是“船过水无痕”，没有留下任何意义。这种为考试而存在的强迫式学习，其实是在浪费时间，浪费生命。

培养孩子的思考能力，14~21岁是关键

我在门诊看病，应对的几乎都不是学校老师教过的问题，无法照着教科书依样画葫芦来诊断开药。如果不具备判断和解决问题的能力，我势必将无法胜任自己的工作。

台湾因为早年的文化传统，对医生这个行业多有期待。父母都希望优秀的子女将来可以“贵为医生”，保证衣食无虞的幸福生活。但是计划赶不上变化，医生这个金饭碗近也蒙尘，前一阵子好些中医诊所都关门大吉。

身为同业，我们免不了探究其中的原因，最后归纳出结论，不外乎三大点，分别是：医生的医术不精，治不好病人；医生对病患太不亲切，吓跑病人；病人的病很棘手，医生不想医，干脆要病人另请高明。而这三种状况正好分别对应了思考、情感、意志的欠缺。

缺乏思考能力的医生心有余而力不足，无法解决病人的问题，甚至看错病用错药，令病人弃他而去。

缺乏情感的医生无法视病如亲，对病人漠不关心，甚至态度恶劣，所以无法得到病人的信赖。

缺乏意志力的医生一遇到难症的挑战就打退堂鼓，自动投降放弃病人。

在台湾，要想当正牌医生，需要经过重重的严密关卡和激烈的同侪竞争，最后能够当上医生的人，至少要具备“考试机器”的金头脑。通过重重考试千挑万选后的天之骄子，成为医生以后还是会面临经营不善的关门问题，可见只有金头脑并不足以赢得“幸福生活”，意志、情感、思考三者兼备，才是有能力的人。

美女医师的坎坷姻缘路

我曾经和一位美女医师共事。相处一段时间以后，才发现她是意志、情感、思考三方能力都有所欠缺的人。

这位美女医师出身典型的公教家庭，父母十分重视她的课业表现，从小爸爸就不断对她耳提面命：“你的本分就是读书，只要把书读好，其他都不必管。”

她最后果然不负期待，成为一名医生。但是她在诊所看诊的时候，除了看病开药，其他一概不闻不问，公事公办的态度很不得人缘，所以病人寥寥可数。

她说自己小时候很爱哭，每次一哭泣妈妈就对她怒声斥责，她万一哭得更大声，妈妈就威胁要把她丢出家门，而且还真的把她赶出去过。其实幼小的孩子谁不爱哭，幼童会哭泣，是因为内在的不安全感，或是身体不舒适，需要他所爱的父母来关爱他、呵护他、安抚他。如果这样的需求得到适时的满足，孩子的内在就会感受到父母对自己的爱。但是有的父母对孩子的哭泣会感到不耐烦而大声制止、斥责，甚至动手打孩子，不准他哭。被如此不正确对待的孩子无法感受到父母的爱，很容易萌生被遗弃的不存在感。美女医师的妈妈采取铁腕手段剥夺了孩子的安全感，没有让她感受到被爱的温暖，所以她也发展不出被爱与爱人的能力。

已经年届三十六岁的她貌美如花，具备婚姻市场上所有的绝佳条件，但是她设限太多，所以寻寻觅觅，始终找不到合适的对象。首先，她要求对方一定要是西医，只因为有鉴于世俗的价值，西医无论是指考分数、社会地位都比中医高，赚钱也比中医多，所以她非西医不嫁。而且这位小姐脾气真古怪，喜欢她的她通通不爱，越对她没意思的她却越喜欢，即使碰一鼻子灰也在所不惜，所以经常把自己困在不被爱的情境里无法自拔，仿佛就是在重演她从小一直苦苦追求母爱而不得的剧情。

有一次我和她聊天，劝她说不必把对象框死在医生这个行业，其他工作也有很多优秀的人才。她却面有难色地说，一般上班族了不起拿个七八万的月薪，和医生动辄六位数字起跳的收入没得比，她想要享受生活，走高档路线，就怕老公负担不起。我说，老公付不起的，你可以自己付呀！人生的阶段难免有高低起伏，有时老公赚得多，有时老婆收入比较丰厚，两人互相支持，有何不可呢？但是这位大姑娘家说什么也不肯。这也透露出她缺乏安全感，因此没有付出的能力，既没有办法去爱人，也缺乏被爱的能力。

由于迟迟找不到如意郎君，她终于放弃非西医不嫁的条件，婚友社为她配到一位大学的副教授，他们也一同出去吃过两次饭。一天晚上，副教授的妈妈突然现身诊间来找这位美女医师，两人相谈甚欢。临去前，还邀请美女医师有空到自己家里坐坐。美女医师开心不已，直说自己有受到重视的感觉。因为交往过这么多对象，从来没有人的父母“这么早就出现”。

我一听便直觉不对劲，告诉她说，这位妈妈应该是个控制狂。因为按照一般常理，年轻人总是要交往到一定程度，八字有一撇了，才会带回家让父母认识。但是这位妈妈迫不及待地提前现身，透露出这名副教授可能是“妈宝”，把婚姻大事的决定权交托在妈妈的手中，所以必须请示“母亲大人”，待妈妈亲自出马鉴定以后，才能够决定后续的行动。对自己的人生没有决定权的人，尽管条件再好，和他结婚可能也要有不幸福的心理准备。

然而美女医师无辜地看着我，好像认为我在讲外星话，始终无法理解我的分析。我这才发现，原来她自己就是一直生活在妈妈控制下的妈宝。三十六岁的她，每天出门的行头还要听命妈妈的指示，穿着妈妈准备好的衣服和鞋子，难怪她丝毫嗅不出当中不寻常的气息。

而自从副教授的妈妈来看过她以后，副教授就仿佛人间蒸发，再也没有和她联络。询问婚友社的联络人，对方也只是避重就轻，劝她不必对这位副教授抱持期望。直到有一天，婚友社的人在聊天的时候告诉她说：“医生，你的运气真好。你知道吗？这位副教授的妈妈真难搞，每次配对约会她都一定要当陪客，全权决定是不是可以继续交往。万一让她当了你的婆婆，那还真有苦日子过呢！”

事情果然被我言中了！其实，任何一位具有成熟判断能力的“自由人”都能够一眼看出问题所在，从迹象中分辨出好坏，但是美女医生已经过惯了受控制的生活，所以不能发展出自己的思考能力。由于她的判断能力不足，思考欠缺周密，所以诊疗也经常零零落落，写了这个忘了那个，无法留住病人做完该有的治疗。

“华德福出品”，让父母有信心

身为一名高学历、高社经地位的医师，却无法自理最基本的生活安排，乃至工作能力不足、择偶一再碰壁，暴露出成长过程中的教养偏差，导致一个人空有诸多令人称羡的外在条件，却无法真正获得认同和幸福生活。这会是为人父母者想要的结果吗？

我的女儿从小读华德福学校，今年（2012年）十八岁，就读华德福高中二年级。我和她几乎无话不谈，当我聊到这位美女医师的遭遇，提到男方的妈妈跑来看她时，还不等我把话说完，女儿立刻眼睛一瞪，说道："男生的妈妈想要控制自己的孩子！"

一个没谈过恋爱的十八岁小女生，判断力都比一名三十六岁的医生更为成熟，颇让我感到欣慰。"华德福出品"，果然让我有信心。

学历和社会成就不足以说明一切，我希望我的孩子幸福，这个幸福包括拥有自己想要追求的人生目标，而且还具备足够的行动力去筑梦踏实，同时拥有良好的情感关系，可以和家人朋友亲密互动。这样的期望并不抽象，也不是遥不可及，更不必碰运气，因为我知道，只要让孩子发展出健全的意志、情感、思考能力，他们自然而然就会成为这般幸福的人。

第二章

三个R，让孩子真实感受到父母的爱

重复是一切学习的基础

天天有惊奇，孩子吃不消

Column 足龄孩子学一天就会，

为何要不足龄的孩子用三年时间来学？

Column 童年的美好童话故事，

是孩子未来发光发热的基础

第三个R：崇敬的态度（Reverence）

大人在生活中展现的态度，

都会被孩子内化为自己的一部分

缺乏敬虔态度的父母，教导出言行粗鲁的孩子

三个R，
让孩子真实感受到父母的爱

“爱”是涵盖范围很广，却极其抽象的概念。我常听到青少年向我抱怨说，他们觉得父母并不爱他们。身为旁观者，我很清楚知道这些孩子的父母其实很爱他们，自己省吃俭用，却舍得给孩子吃最好的，送孩子去读心目中最理想的私立学校，学费花用庞大不说，还要额外请家庭教师为孩子补习，只因为他们希望孩子将来可以立足社会，过着幸福的生活。这也是目前典型台湾父母对孩子表达爱的方式。

然而，这些外在条件的满足未必就能让孩子感受到父母的爱，因此容易造成亲子之间的对立冲突。付出的父母怨叹自己“真心换绝情”，孩子却说父母根本不了解自己，只想要控制子女。未曾经历过物质缺乏，或未与父母当年比较，孩子很难从父母的如此付出中了解到这便是爱。所以说，爱是一种心灵感受，不能用物质来取代。

在爱人与被爱之间，该如何取得平衡，让彼此都能正确接收到爱的讯息，是一门很大的学问。大人爱孩子，为他们做了这么多，可惜没有用对方法，徒然造成双方的误会和怨怼。

以亲子关系来说，父母为孩子的付出，必须能够让他们产生安全感，这也是爱的最基本要求。父母健全的爱可以让孩子有安全感，其中包括了满足感、存在感、自我价值感和内心温暖的感受。

成长过程中，能够被大人正确对待的孩子，内在会形成正向的情感，终其一生，哪怕走到天涯海角，内心都会经常充满温暖及安全感，觉得父母的爱与自己同在。所谓的正确对待，就是爱要得法，体现在日常生活中，可以用三个R来表明，就是：有规律的生活节奏（Rhythm）、重复性的事物学习（Repetition）、崇敬的态度（Reverence）。尤其是七岁前的孩子正值神经系统的建构期，如果能够在每天进行的活动当中，实践三个R，孩子便能够获得安全感、存在感和满足感。

实践三个R，轻柔唤醒孩子的内在能力

孩子的成长过程，是循序渐进的生命发展过程，这是一段成长与学习并行的漫长历程，孩子需要在安适感中，让内在的意志、情感、思考三大能力逐渐苏醒。大人应该将这一事实牢记在心，不要任意惊扰或是意图缩短时程，唤醒的过程要轻柔而有耐心。即使身为大人，我们在安适的睡眠当中，也不愿意让人粗暴地把我们叫醒。因此可以想象，孩子从梦幻逐渐被唤醒的成长过程中，如果大人手法粗暴，强迫将他们叫起，这会是多么令人不安又不愉快的经历。

但是目前的教养趋势，总希望孩子可以在最短的时间内拥有大人的能力，把小孩当作小大人在教，而且是越快越好，这和人类本来的发展过程正好相违背。我们应该放下旧有的教养观点，不再只是灌输孩子特定的知识，以为让他们得以通过考试，就完成了教养任务。教养还有更重要的目的，就是拓展孩子的潜能与生命视野。

对幼儿来说，世界是一个充满梦幻的模糊存在，这时候就被灌输过多的知识和技巧，会让他们梦幻的意识受到惊吓。教养这个年纪的孩子，应该说故事给他们听，触动他们的内心，让他们脸上带着微笑，而后才逐渐进展到知识的学习。在幼儿

的生活中，实践三个R，也就是有规律的生活节奏（Rhythm）、重复性的事物学习（Repetition）、崇敬的态度（Reverence），能为他们奠定终生受用的身心健康基础，而不是要求他们立刻拥有大人的能力，把他们当成大人来对待。一般的幼儿园也有三个R，分别是读书（Read）、写字（Write）、做算术（Arithmetic）。不过这种三个R与华德福幼儿园的R意义就完全不同了。

实践华德福三个R的生活，可以逐渐唤醒孩子内在的意志、情感、思考能力，让他们将来拥有正向思考，对人对事建立起良好的情感互动关系，再有坚持完成目标的意志力，那么距离幸福生活就不远了。

第一个R：
有规律的生活节奏（Rhythm）

规律性的事物，
都蕴含特别的力量

所有规律性的事物，都蕴含特别的力量。像是一天24小时，一星期有7天，一个月有28到31天，一年有12个月，12个月里面有四季，一星期上课5天休息2天；人体心脏每分钟大约跳动72下，呼吸每分钟18下，女性每个月会来月经……周而复始的规律性，是宇宙和生物体运作的基本准则，也是维持运作效益的基本力量。

以人体来说，当某个器官组织失去规律性的工作节奏，即使本身看似完好，它的功能也已经异常，医学上将此认定为生病。例如，心跳过速或是过慢，到了该睡的时间无法成眠，都是即将要生病的迹象。可见有节奏的规律性对生命体是多么重要。

有节奏的规律生活可以给予孩子安全感，让他们感受到世界的一致性。外在世界的一致性对小小孩而言尤其重要，因为这么一来，他们的内心才不会产生无所适从的矛盾。

一致性的相反就是双重性或多重性，生活步调变来变去，对幼儿来说分不清什么是对的或好的，会影响将来客观判断能力的发展。

孩子的生活与成长学习是同时并行的，一日应有的人体节奏如果被打乱，会让孩子感到不安，甚至形成“生病”的感受。孩子生活在紊乱的作息中，从来不知道接下来会发生什么事，无形中会削弱其意志力，所以大人应该为孩子安排日复一日的规律生活。大人带孩子出门去玩，有时难免算不准时间，过了平日该吃饭或睡觉的时候，孩子就会开始哭闹。这是因为突如其来的改变，打乱了他的节奏，小小孩哭闹，就表示他失去了安全感。然而大多数的大人面对孩子这样哭闹却感到不耐烦，并不知道这是自己打乱孩子生活节奏造成的结果。

学习要把握有规律的呼吸原则

大人在为孩子安排生活与学习的时候，应该切记这一规律性的原则，把握“呼吸”的诀窍，也就是有吸就有呼，在一呼一吸之间完成学习。在此，我举出丰乐华德福幼儿园的一日课程活动加以具体说明。

华德福教育认为，学习的过程就是呼吸的过程。完整的呼吸动作是由一呼一吸有节奏的配合完成，所以我们在课程安排上，十分重视规律的节奏性，所有的课程都是在一呼一吸的收放之间完成。

我们的孩子每天一到学校，就先玩六十到九十分钟左右的自由游戏。这是由孩子内在的自由意志产生的自发性创造，老师从旁陪伴，但是不加以干涉。对孩子来说，这是“呼”的活动。之后，老师会带领孩子们进行晨圈律动（morning circle），让大家模仿学习，这一引导式活动属于“吸”的过程。

接下来的点心时间，让孩子放松心情自由聊天，这是“呼”的过程。之后的故事时间，或是绘画、烹饪课揉面团等课程，则属于“吸”的活动。

然后进入午餐和午休时间，这又是一个放松的“呼”出时间。午休醒来后，老师会带领孩子进行手工，像是编织、木工，或艺术课程，像泥塑、捏蜂蜜腊，亦或到户外进行农耕、园艺，这于是又完成一组“呼出与吸入”的过程。放学前，还会有一个自由游戏时间，让孩子把自己的生活经验在自由游戏当中玩出来。

总观这一整天的课程安排，都遵循一呼一吸的规律，可以让孩子感到十分安适，充满了安全感与满足感，所以他们回家以后能带着安稳的情绪平静入睡。

反观一天当中接受了过多紧凑行程或充满压力课程的孩子，情绪都会相当亢奋，到了三更半夜依旧难以入睡，成了地道的“磨娘精”。

呼吸是有节奏的活动，我们不能一直呼而不吸，也不能够只吸不呼，所以呼吸之间的节奏流畅十分重要。不断给孩子安排各种学习课程，等于是只给

“吸”而没有“呼”。所以当孩子抗议说“我不要再上才艺课了啦！”就表示他已经吸到无法再吸，父母强逼着他非学不可，好像是强灌他“你再吸一口，再吸一口嘛！”氧气再好，如果硬逼着大人只吸不呼，谁都会承受不了，更不要说孩子了。

许多幼儿园排课也是如此。30分钟的律动之后，紧接着30分钟英文、30分钟数学……没有给孩子放松的时间，这是在破坏孩子呼吸的节奏，削弱他们的生命力。

华德福幼儿园的一日课程

自由游戏（呼）

↓

晨圈活动（吸）

↓

早点心时间（呼）

↓

故事时间及艺术课程（吸）

↓

午餐及午睡（呼）

↓

手工、烹饪、木工、园艺、农耕、运动（吸）

↓

自由游戏（呼）

↓

回家睡觉

从幼儿园回到家以后的作息节奏

傍晚孩子从幼儿园回到家，直到上床就寝的这一段时间，家长也应该将整个过程安排得富有节奏，例如先吃饭，再洗澡，游戏三十分钟，然后听床边故事，最后安然入睡。一旦确认活动的顺序后，就不要随意变动，孩子才能够预测每一项活动的后续，知道洗完澡就可以游戏半小时，游戏结束后便自动躺到床上等待爸妈说故事。

如果这些活动顺序经常变来变去，孩子会感到无所适从，不知道接下来该怎么做，当然不会主动上床准备睡觉，家长于是抱怨孩子贪玩，都不乖乖睡觉。所以说，如果在家中的作息乱无章法，即便孩子在学校养成了良好的规律节奏，它也难以持续发挥作用。

COLUMN
华德福晨圈律动对孩子未来发展的助力

华德福幼儿园的晨圈律动不同于一般幼儿园的律动，它包含了诗歌、跳舞、节奏内容，是浓缩了外在世界善美真的活动形式。晨圈律动的歌声是温柔而优美的，动作是缓慢的，都是配合孩子的身体发展所设计。除了活动肢体之外，更重要的是，孩子可以藉由这样的活动发展身体空间定位，和身体成长所需的身体地图。

晨圈律动的过程中，孩子会模仿老师的动作，举凡跳跃、拍手、踏步、跪下、收缩、伸展、交叉中线，或是唱歌、打节奏、模仿老师的声音，还是选择一个伴，互相手牵手进行各种动作，都是透过直线、交叉、平行、圆形等的动作在体会身体的几何。幼儿在晨圈律动中不断地重复感受到身体的几何，日后学习数学的几何学时，表现都十分亮眼。这是因为自小亲身经验过身体几何的孩子，可以轻易地将体内实际存在的几何转换为数学科目当中抽象的几何学。

COLUMN
华德福晨圈律动
如何协助孩子的感官发展

即使是看似简单的晨圈律动，都可以开启孩子十二感官里的生命觉、触觉、听学、视觉、思想觉、自我觉，并且透过它优美而分明的形式，强化孩子的生命力量。

生命力量具有“轻”的特质，所以生命体的力量会超越物质体的重量，因此生命力旺盛的孩子可以轻快的跳跃，轻盈地舞动肢体。老师带领孩子做晨圈律动的同时，可以观察孩子的生命力，并且注意到他们的肢体动作是否符合年龄应有的发展。

晨圈活动是一种模仿性活动，让孩子经由模仿来改进自己发展不足的肢体动作。万一没有达到应有的肢体发展标准，老师还会额外给予其他活动以便补强，避免将来学龄期入学后可能发生的学习障碍。

现在进入国小的学龄儿童，常见有轻重不等的学习障碍，最大的原因，都是七岁前没有足够及适当的肢体活动所造成的。而在华德福幼儿园的晨圈带领下充分活动肢体的孩子，将来进入小学后可以坐在教室里专注地学习，不会有过动、注意力缺乏的困扰。

【注】人智教育里，将人的知觉分为十二感官觉，分别是触觉、生命觉、运动觉、平衡觉、嗅觉、味觉、视觉、暖觉、听觉、语言觉、思维觉、吾觉。

睡眠是营造生活节奏的重大关键

人体健康的良好运作，有赖于七岁前打下的稳固基础。为孩子经营规律生活，以便培养身体的节奏感，便是这一阶段的重要任务，而睡眠正是营造规律生活节奏的重大关键。

睡眠当中，白天接受的各种知觉，都会转化进入体内所有的器官组织，协助其成长发育和修复，举凡循环系统、消化系统、内分泌系统、骨骼系统、神经系统、免疫系统无一不是如此。也只有在熟睡的时候，幼儿的身体才得以休息和成长，并恢复足够的生命力，供应第二天使用。而参与这一切活动的最重要器官就是肝脏。

肝脏和胸腺是儿童成长过程中最重要的代谢器官，肝脏扮演的角色尤其重要。我们可以从以下三个方面加以说明。

肝脏在物质体层面的运作

首先要探讨的是肝脏在物质体（肉体）层面的运作。肝脏从每天的下午三点到次日凌晨三点，会进行“同化作用”，也就是把肝醣储存起来，在凌晨三点以后透过胆囊的分解作用，把肝醣转化为葡萄糖，供应身体第二天起床以后的活动需要。

常言说“早睡早起身体好”，但是几点入眠才符合“早睡”的标准呢？从肝脏的同化作用来说，学龄前的幼童应该在晚间六点半到八点之间入睡，成人则必须在夜间九点到十点之间入睡。能够在这一时间段入眠，才能算是“早睡”。

晚睡时，应该进行的同化作用会被逆转，把原本要储存起来的肝醣转变成葡萄糖消耗掉，供应熬夜活动的需要，导致第二天早上起床后精神不济。同样的状况也会发生在其他任何年龄的人身上，因此熬夜绝对会伤身。而且唯有透过早睡，肝脏才能得以修复组织、恢复活力。

肝脏对内在层面的运作作用

肝脏的能量是意志力的基础，可以驱动生命体将想法付诸行动。中医学说“肝者将军之官，决断出焉”。能统军的将领，必须是有勇气做决策的人，因为将领的决策攸关战争的成败，他也必须有强大的抗压性来承担责任。健康的肝脏可以给我们勇气，就像统兵的将军一样，遇事果决，而且充满行动力。

如果老是让孩子晚睡，肝脏虚弱，孩子不免要变得软弱无力、畏畏缩缩。升上小学以后的孩子拥有足够睡眠，可以支持细胞组织进行正常的新陈代谢，将白天所学深植于大脑中。所以晚上早睡的孩子，无论记忆力或行动力都高人一等。

我自己就是天生早睡的人。记得小学的时候，大家都还在客厅看七点的夜间新闻，我已经昏昏欲睡，自己就跑上楼去睡觉了。第二天早上六点左右，我会自动醒来，全家都还在睡梦中，我便一个人独自玩耍。等到大人起床准备早点，让我吃过早饭以后，我就带着充沛的体力快活地上学去，小学六年，几乎天天如此。

直到现在还有很多人问我，为什么如此精力充沛，可以身兼数职？何以能拥有强大的意志力，去执行这么多的工作？我想，正是奠基于从小早睡早起的充足睡眠，让我获益至今。

前面说到人在七岁以前发展意志力，我们都希望自己的孩子是个有勇气的人，而肝脏正就是勇气之所系。有勇气的人可以“放胆”去行动，不会凡事畏畏缩缩。而肝胆一家亲，“放胆”就是肝胆的作用。所以睡眠不足的孩子必定怯懦，意志力薄弱的人只能想象而没有行动力。

说到这里，我要再次提醒父母，别急着让孩子赶场补习、学才艺，成就孩子的根本之道并不如大家想象中的困难，晚上早早上床睡觉，就是一切的根本。

肝脏提供九岁前孩子的体内温暖，提升智力发展

孩子直到九岁以后，才有稳定调节体温的能力。在这之前，他们必须借着肝醣的燃烧来供应温暖。体内温暖可以让神经系统发育良好，而神经系统发育得越好，越有助于智力的发展。也就是说，早睡能够让肝醣发挥正常功能，有助孩子发展智力与思考力。中医学也说“肝主谋略”，所以肝的运作是否健康关系到一个人的思考力，以及解决事情的能力。

华德福教育建议一岁半到两岁的孩子，一天要睡足十四小时，三到五岁的孩子一天要睡足十二小时。也就是说，如果孩子早上要七点起床，那么前一晚就必须要七点睡觉。请问谁家孩子晚上七点上床呢？ 三到五岁的孩子一天如果没有睡足十二小时，早上起床就容易哭闹，许多父母都以为孩子有起床气，其实真正的原因是孩子根本没有睡饱。睡饱的孩子会高高兴兴地背着书包上学去，才不劳大人费心呢！

不是累了才要睡，
而是时间到了就必须睡

肝脏在下午三点就已经开始进行同化作用，所以下午三点以后不宜再让孩子吃太多东西，晚餐简单就好，这样才能让孩子早早上床睡觉。

华德福幼儿园从早上就给孩子丰盛的餐点，目的是白天便补足孩子所需的营养，不要留待晚上才来加

餐饭，延误了孩子的睡眠大事。这样吃得好、睡得饱的孩子，自然能够成为有意志力的孩子。

有的父母以为孩子只要玩累了，就会自己乖乖去睡，所以也不督促孩子养成定时睡眠的习惯。孩子玩到筋疲力竭，最后当然会昏溃而睡着，但是这当中通常会先经历一段过度亢奋或紧张不安的情绪阶段，变得无理取闹。也就是说，孩子玩到疲累不堪，会开始无来由地哭闹（看似无理，事实上都是有道理的，原因就是孩子已经累过头了），最后才累倒睡着。一天的尾声，让孩子在这样烦躁发怒的状况下结束，不但不正常，还会导致第二天精神不济。

孩子良好的睡眠习惯不会自动发展出来，需要大人协助养成。到了睡觉时间孩子还不想睡，大人需要多用一点心思，准备一个固定的上床睡觉仪式为他们养成习惯。像是讲床边故事，安抚他们的情绪，让他们不需要闹到筋疲力竭才睡着，而是能够满足地睡去，第二天早上满足地醒来。这是华德福教育期待给孩子的理想作息模式。

睡得好的孩子，
就是保持在最佳状态的孩子

大人之所以无法督促孩子早睡，多半有几种原因。有可能是全职照顾孩子的母亲，一个人分身乏

术，没有把一日的生活节奏安排得当；也可能是父母工作到太晚，孩子等待父母陪伴入睡，结果等到三更半夜；还有可能是父母下班回到家都已经晚上六七点，煮好晚餐，吃完饭，时间已过八九点，等到上床睡觉就自然是十点以后的事了；还有的是晚下班的父母珍惜亲子共处的时光，也就延后了孩子的就寝时间；而和祖父母同睡的孩子，有时看到家里还有人醒着，就舍不得去睡，于是养成和大人一样晚睡的习惯。种种原因，让现在的小孩变成夜猫子，我甚至看到一些学龄前的儿童半夜十一二点才要睡，就寝的时间竟然比我还要晚，实在太不正常。

良好的睡眠能强化脑部功能，并养成容易放松的特质，让孩子经常保持在最佳状态。

也就是说，睡得好的人就是把自己保持在最佳状态的人。什么是最佳状态呢？简单地说，就是“头脑清醒，身体放松”。

晚睡除了可能造成孩子躁动爱哭闹，个性怯懦，缺乏行动力，意志力薄弱，影响神经系统发育，影响智力发展，还会伤害孩子的心脏，埋下将来发生心血管疾病的种子，也会让孩子长不高，甚至性早熟。

晚睡让孩子长不高

在少子化的台湾，孩子几乎都是家中的宝，大人无不倾注全力照顾孩子，让他们吃最好、用最好，想要将他们拉拔成健美高大的体格。但是很遗憾的，根据教育部对小学三年级学生进行的身高体重调查，发现小学生的平均身高一年比一年矮。国家未来的栋梁“小矮人化”，这恐怕要部分“归功”于过分沉重的学习压力，让孩子写功课写到三更半夜，长期作息失调、睡眠不足。

晚睡或睡眠不足，就表示醒着的时间太长，对身体而言是一种过度刺激，进而会引发人体的压力反应，诱发肾上腺大量分泌肾上腺素。肾上腺素是一种压力荷尔蒙，它会抑制脑下垂体功能，致使脑下垂体减少分泌生长激素，让孩子长不高。

晚睡让孩子性早熟

晚睡会刺激身体的压力反应，促使压力荷尔蒙分泌，扰乱脑下垂体的功能。脑下垂体统管人体的内分泌，被压力荷尔蒙打乱运作的脑下垂体，对性荷尔蒙的调节功能也连带受影响，很可能诱发孩子性早熟。

有一位罹患甲状腺机能亢进的妈妈来求诊。她因为服用治疗甲状腺机能亢进的西药过敏，所以改看中医。这位妈妈第二次来复诊的时候，牵着八岁十个月的女儿一同前来。

这个小女孩已经在大医院检查确诊为性早熟患

者，她身高不过一百三十二公分，体重二十六公斤，乳房却已经发育。妈妈想要赶在女儿青春期以前，快快为她把身高抽长，征询我有没有好方法。问诊之下，才知道这孩子长年以来都是每天晚上十一点才就寝，第二天早上六点三十分起床。我虽然为孩子开了药方，不过还是叮咛母女俩人，早睡加上运动是比吃药更有效的处方。

这位小病人一听到我要求她早睡，立刻皱起眉头抗议："不行啦，学校功课那么多，我每天放学以后，要从七点写到十点，所以我不可能早睡，也没有时间运动。"

不到九岁的孩子，说话又急又快，而且停不下来，身旁的爸爸还要不时制止她。这孩子读一所全美语的私立学校，妈妈又是英文老师，所以小小年纪的她英语能力非常强，可能已经超乎我的程度。但是她最大的烦恼就是长不高，而这正是超龄学习的后果。超龄学习会引发身心的压力反应，而晚睡同样会刺激压力荷尔蒙分泌，抑制生长激素活动，并影响脑下垂体对性荷尔蒙的正常调节，所以孩子长不高，又出现性早熟。

睡眠习惯对孩子的影响是如此深远，连同将来会生什么病，都已经在童年的睡眠习惯当中种下了因，这便是我为什么要用这么多的篇幅来说明的缘故。

晚睡伤害心脏

肝脏是“哑巴媳妇”，任劳任怨，耐受度很高，所以睡眠不足首先遭殃的并非肝脏，而是心脏。

睡眠不足的孩子会产生过度压力反应，特别是幼儿，他们会因为睡眠不足而感到疲倦，表现得易怒、暴躁，很难平静，甚至表现出无法入睡的过度压力反应，而且越是睡眠不足，他们的情绪就越亢奋。情绪一亢奋，血压、呼吸、心跳都会加速，如果经年累月处在过度亢奋的状态下，就会发生心血管疾病，像是心脏瓣膜脱垂。所以放任孩子晚睡或睡眠习惯不良，等同是为孩子埋下心血管疾病的种子，将来到三十五岁以后，这一埋藏的祸因就会爆发成为心血管疾病。

有一位德国华德福学校的音乐老师，带着她从小就读于华德福学校的十二岁女儿来台中进行交流。这个十二岁的孩子一过晚上八点就开始打呵欠，原来她一直以来都是在八点上床就寝，所以时间一到，身体便提醒她该休息了。

然而多数人都不理会身体的提示，辩解说：“不会呀，我的精神好得很，根本不想睡。”然后就继续撑下去。孩子良好的睡眠习惯不会自动发展形成，必须依赖大人为他们养成，切莫让孩子累到崩溃了才要睡，否则真的“很伤心”。

COLUMN
不规律的睡眠让成人的健康也深受其害

不少大人向我抱怨说自己明明很疲累，但就是睡不着。这些人很多都是晚上十一点前就感到筋疲力竭，却还是强迫自己醒着看电视、打计算机。身体为了提振精神，不得不分泌肾上腺素这种压力荷尔蒙，刺激精神亢奋，继续苦撑下去。等到半夜一两点以后，电视剧结束，这时就算想要睡也睡不着了。所以现在很多大人失眠，是因为失去睡眠的规律所引起的。

我们应该要观察自己一天当中什么时候最疲倦，这就是身体在给我们讯息，告诉我们它已经透支，应该休息，不可以再苦撑下去。虽然有人会说，我只要撑过这个疲劳时段，就可以恢复精神。但是苦撑而来的精神是不正常的亢奋，会造成接下来无法入眠，最后还得依赖安眠药入睡，白天起床以后头脑昏沉，又得依赖咖啡提神，这岂不是十分病态的怪现象吗？那么多现代人罹患内分泌失调疾病和心血管疾病，始作俑者都是自己的任意妄为，罔顾身体规律运作的准则，又忽略身体的求救警讯，让健康深受其害。

第二个R：
重复性的事物学习（Repetition）

重复是一切学习的基础

小生命的成长，依赖的就是在不断重复中学习。离开襁褓的孩子，谁不是摇摇晃晃地站起身又跌倒，跌倒了再踉跄挣扎着站起来，直到身体终于学会保持平衡，然后逐渐学会走路；幼小的孩子谁不是重复听同一首歌，直到能够朗朗上口。华德福幼儿园的孩子借着每天早上的晨圈重复同样的律动，在课堂上重复听故事，每重复一次，就让孩子多发展一点，多掌握一点，并对所学习的事物内容更深入一点。

例如，我们的幼儿园每周会有一场由老师演给孩子看的布偶戏，孩子每周重复地看，连续一个月下来，他们就能在自由游戏的活动中玩出戏剧性的扮演，而且还综合了多场不同剧目，创造出了全新的戏。

对大人来说，重复或许是极其无聊的事，但是对孩子而言，它绝非原地打转的无聊事。透过重复，孩子的学习会呈现螺旋状向上发展的成长。每天带着孩子在同一条路散步，观赏沿途树木花草的变化，如此经年累月地让他熟悉同一个环境，也是形成安全感的关键。

有一个四足岁的小男孩，他的爸爸每天都固定行驶同一条路送他去上学。有一天，这条路因为挖水沟架起了路障，禁止车辆通行，男孩的爸爸于是转入另一条巷子。小男孩立刻非常紧张地问："爸爸，你为什么走这条路？你要去哪里？你走错路了！我没有说要去别的地方啊！我要去学校！"

可见得每天走相同的路径可以带给孩子极大的安全感，而经常变换不同的路或是带孩子去不同的地方，会令幼童感到紧张不安。

每一次刷牙、吃饭、穿衣扣钮扣等重复的小事，都能强化孩子的勇气。因为每天重复同样的节奏，给孩子重复性的学习，能养成孩子的好习惯，同时形成内在深层的安全感。这一份安全感将会时时伴随孩子，无论他去到多么陌生的环境，离家多远，都不会感到不安。

天天有惊奇，孩子吃不消

大人喜欢为孩子换口味，每次讲不一样的故事，看似天天都有新奇变化，其实却是在剥夺孩子深入了解故事本质的机会。大人不断在生活中加入新事物，是在不断给孩子新的刺激，也是在破坏孩子内在正逐渐形成的自我，剥夺他的安全感。

我看到很多家长会把握每个周末假日出游的机会，带孩子到不一样的地方去游玩。前两年台北举办国际花卉博览会，不少父母远从台中带着幼儿上台北，又不惜排队数小时只为了给孩子看花博。而每逢哪个景点有热门活动，大家也不辞劳苦地抱着幼儿，提着大包小包去赶场。我可以明白大人想要充实孩子生命经验的良苦用心，不过这会打乱孩子的生活节奏，剥夺他深化学习与形成自我的机会。

有一个小女孩感冒才刚好起来，妈妈说要利用周末带她上台北去看花博。我建议大人最好打消这个念头，并且保证他们如果真的去玩，孩子一定会再发烧。我都已经“挂保证”了，妈妈还是坚持要把握这个千载难逢的好机会，带孩子去见识见识。回程的路上，小女孩果然就发烧了。

想要带孩子出门的父母，不妨一年到头都去同样的地方，感受同一个环境的四季变化，让孩子进行深入的观察与学习。出游的地方也不宜离家太远，车程以半小时内为限。等到孩子大了，幼年时养成的安全感与勇气将可以支持他到更远的地方去探索世界的多变。孩子未来的世界必定和我们现在身处的世界大不相同，我们不必急着把现在的世界完全灌输给孩子。别忘了，孩子的学习与成长是一个循序渐进的过程，提前让孩子经验太多事物，缺乏重复性，会让孩子不安，也会感受到压力，即使这是兴奋的压力，也都有干扰到深化学习的可能。

事实上，七岁前的孩子喜欢一再重复的事物。大人对听过的故事会不耐烦，不过七岁前的孩子对听过数十遍的故事仍能听得津津有味，因为每一次的重复都可以深化他的学习，而不会无趣。这种喜爱重复事物的特性，直到孩子掉第一颗门牙才会改变。

孩子掉第一颗门牙，大约是准备上小学的时候。此时，孩子的成长能量开始进入大脑，准备展开智力的学习。所以直到七岁前，大人不宜急着让孩子做太多学习，包括背记注音符号、英文字母等。华德福幼儿园让孩子唱外文歌曲，目的只是要让他们经验另一种民族的心魂而已，不是真的要孩子学习单字。等年纪大一点再开始智性的学习，可以学得更好。

COLUMN
足龄孩子学一天就会，为何要不足龄的孩子用三年时间来学？

我女儿读幼儿园的时候，我还不知道有所谓的华德福教育，不过当时的我就不愿意揠苗助长，所以为她选择了一间成天游戏的幼儿园。可以想见，幼儿园毕业的时候，她完全不知道注音符号是什么。眼看她就要上小学，我于是请一位任教于小学的朋友来教她注音符号。才不过一天的工夫而已，她就已经学会了。请大家千万别误会，我的女儿并非天才儿童，她只是在对的时间学习，所以得到了最大的效益。足龄的孩子学一天就会，为什么要让不足龄的孩子用三年的时间来学呢？

身体还没有准备好，大脑也还没有准备好，硬要孩子超龄学习，孩子当然花好几倍的时间也学不好。这是在浪费时间做没有意义的事，甚至还会让孩子和家长经历不必要的挫折，反而摧毁了孩子学习的热情。

COLUMN
童年的美好童话故事，是孩子未来发光发热的基础

华德福幼儿园为孩子选择的童话故事，通常都有一个模式，就是主角会遇到人生中不可能的任务，但是当他决心要执行这个艰难的任务时，在千钧一发的危急时刻总会有仙女或贵人来帮助他，故事的最终结局自然是圆满的。这样的故事让孩子从小就感受到世界的美好，如此的认知对孩子将来长大以后的正向思考有潜移默化的作用。

未雨绸缪的家长免不了担心，教养出这么乐天的孩子，长大以后发现世界并非这么美满，岂不会幻想破灭、难以生存吗？这其实是杞人忧天的想法。因为随着智慧日渐增长，孩子会有足够的思考判断能力去面对真实世界的挑战。而小时候经历过的美好认知，就是他用来改变世界不美好的基础，这正是回馈社会的开始。

连讲故事这么简单的事情，都具有意义深远的影响力，可以为孩子埋下美好的种子，让他在未来的日子里逐渐发光发热。亲爱的父母，请务必要把这一份美好深植在孩子的心田里。

第三个R:
崇敬的态度（Reverence）

大人在生活中展现的态度，
都会被孩子内化为自己的一部分

对宇宙自然的崇敬，是要养成孩子“敬虔的态度”，或者说是“神性的姿态”。这种姿态无关乎宗教，纯粹是要让孩子发自内心地崇敬这个世界。而想要让孩子发自内心地崇敬这个世界，大人首先必须营造足以让孩子心生崇敬的氛围，比如我们进入教堂或寺庙，感受到其中庄严肃穆的气氛，便会油然而生崇敬的心，自然不会高声喧哗、胡乱跑跳。

孩子的学习是从模仿大人开始的，特别是幼儿，他们的感官对世界是完全开放的，他们对外界的一切照单全收，也会把自己变成这个世界，所以孩子不仅仅是在模仿世界的外在事物，也在模仿世界内在的活动。对幼小的他们来说，大人如同无所不能的巨大存在，是他们心目中的专家。所以我们在与孩子相处的时候，要时时保持醒觉，意识到自己的一举一动与一言一行都要是孩子的典范。孩子以为大人是万能的，他们也期待看到大人对自己热诚的态度，有鉴于此，大人应该透过语言、行动和思想，表达对孩子的尊重，同时也用尊重的态度来对待一切人事物。例如，用餐之前与孩子唱一首谢饭歌，或是念一篇祈祷文，向滋养我们的世界表达感恩与尊敬；又比如不小心把垃圾掉在地上的时候，应该用手捡拾起来，而不是一脚踢开；即使是把一锅汤放在桌上这种日常小动作，都应该轻柔，而不是重重地摔在桌上……诸如此类，大人在生活小细节中所展现出的态度，孩子都会吸收内化成为自己的一部分。如果大人营造出尊重孩子及尊重一切的氛围，孩子自然也会尊重大人。

缺乏敬虔态度的父母，
教导出言行粗鲁的孩子

我在门诊常见到青春期的孩子，在大庭广众面前和自己的父母“一言九顶”，十分伶牙俐齿，气势绝不输人。大人则是气急败坏地数落孩子，说自己为孩子做了这么多，孩子竟不知感恩，一点都不懂得礼貌。其实，孩子是一面镜子，反映着大人对待他的方式。大人不懂得尊重孩子，对他大呼小叫，没有让他感受到崇敬的氛围，缺乏对世界自然而然的崇敬态度，孩子到了青春期，就会反过来对父母大呼小叫，甚至愤世嫉俗。

我们尊重孩子的物质体，所以不打孩子；尊重孩子的内在，所以不大声斥责孩子；我们也尊重其他的人事物，所以总是保持轻柔的语调和尊重的态度。孩子并非透过大人的指令或教导来学习敬虔的态度，而是从大人的一言一行中习得自己与世界的关系。教养幼儿，对他们下指令，要求他们把鞋子摆好、衣服挂好，这对他们而言是没有意义的。就像日本人最爱说“孩子是看着父母的背影长大的”，为什么是“看”，而不是“听”呢？因为父母必须以身作则，做给孩子看，而不只是出一张嘴，喋喋不休，耳提面命。

孩子会模仿大人说话，也向大人学习说话，所以大人务必要留心自己的语言和说话内容。孩子要向大人学习的是真正的沟通，而不是单向的命令或是讯息传达。华德福的老师对孩子永远使用美好的语言，所以孩子的世界是由美好的语言构成的。我们也不对孩子胡乱开玩笑，那种只有大人自己听得懂，孩子只能干瞪眼的玩笑，会让孩子心中觉得很受伤，偏偏有的大人就喜欢开这样的玩笑。

我有一次在台北的捷运上，看到一位妈妈带着小女孩上车。坐在旁边的老先生看到小女孩好可爱，忍不住逗弄她，对小女孩说：“你长得好可爱喔，跟我回家好不好？你妈妈不喜欢你啦，跟爷爷回家吧！”小女孩用疑惑的眼神看着妈妈，问说：“妈，你不喜欢我喔？”

老爷爷想要对小女孩说的，也许是：你长得好可爱，爷爷好喜欢你，到爷爷家来玩好不好？可是他却选择用不尊重的态度来逗弄小女孩，吓唬她说妈妈不喜欢她了，造成小女孩的恐惧不安。

【捷运】地铁。

在我的诊所里，来接受针灸治疗的大人有时候因为家中孩子没有人可以照顾，就会一同带来。当我帮大人针灸时，他们怕孩子碰自己身上的针，常会吓唬他们说：“你不可以碰我的针喔，不然我叫警察来抓你！”怪了，这分明不关警察的事，大人却殃及无辜，抬出警察大人来恐吓孩子。

即使是面对幼童，只要对孩子正确传达自己的真实感受，告诉他们说：“请你不要摸我身上的针，因为你摸了这些针我会痛哟！”他们也会同理大人的感受，并感觉自己受到了尊重。

大人对孩子说什么，孩子就接受什么，所以没有意义又会伤害孩子、引发误会的语言，不要拿出来对孩子说。大人想要对孩子说什么，就请用美好的语言真心告诉孩子，透过这样的表达，孩子就能够感受到“我在这个世界上是值得被尊敬和疼爱的”，进而肯定自己的存在价值，同时养成崇敬与感恩的心。

大人要很醒觉地清楚知道自己和孩子对话的文字语言，将会对孩子造成什么样的影响。亲子间的互动模式，会反映在孩子将来与世界上其他人的互动关系中，孩子是谦恭有礼，还是言行粗暴，都能在年幼时的亲子互动模式中找到蛛丝马迹。而大人对待物品的态度，例如是否爱惜物力，是否以尊重和感谢的态度对待所使用的物品，这些孩子都看在眼里，成为影响深远的身教。

第三章

三个L，爱之适足以害之的教养迷思

第一个L：声光刺激（Light）

无所不在的电视

Column “停止运转机制”实验

聒噪不休的卫星导航系统

过早的艺术陶冶

人群杂沓的公共场所

大人的言语刺激

Column 孩子越大声，老师越小声

第二个L：让孩子变得懒惰（Lazy）

凡事代劳，养成孩子四体不勤的懒惰习惯

放手让孩子学习最切身而有用的生活体验

Column 学童肌肉活动不足造成的学习障碍

适度劳累有益身心

第三个L：限制孩子（Limit）

对孩子做“非分要求”，

是用大人的无知来责备孩子

不让孩子生病反而有害健康

Column 发烧是身体有产热的需求

三个L，
爱之适足以害之的教养迷思

相对于实践三个R，可以让孩子充分感受到父母的爱，均衡发展成为自由人的意志、情感、思考之三大能力。日常生活中也有三个L，是大人经常在不自觉间用来妨碍孩子，剥夺孩子安全感，让孩子难以感受大人爱心对待的大忌。它们分别是声光刺激（Light）、让孩子变得懒惰（Lazy）、限制孩子（Limit）。

我们可以看到因为这三个L，造成原本情绪平稳的孩子，星期一上学变得躁动、粗鲁、横冲直撞。甚至因为这三个L的不当刺激，而被医师诊断为疑似自闭症。还有并未罹患皮肤病的孩子，却表现出强烈的皮肤病症状。

也因为这三个L，孩子的生活体验被剥夺，加上过度的感官刺激，会强烈影响他们的情感世界，引发退缩的内在姿态，并逐渐根深蒂固，成为内化的习惯。又因为很少使用身体，所以肌肉反射到了应该消失的年纪还残留不退，阻碍了孩子身体的整合性运动发展。当他们想去做什么事，却感到力不从心，就会开始寻求逃避的方法，衍生出种种行为问题、学习障碍。

原来，大人的无心之过竟然可能造成孩子层出不穷的身心问题，这三个L，家长们请务必要引以为戒。

第一个L：
声光刺激（Light）

对台湾1970年代以前出生的人来说，声光刺激的威胁几乎不存在。我记得小时候家中并没有电视，这是我六岁时才出现的现代产物。但是几十年后的今天，孩子一出生就曝露在声光刺激当中，电视、计算机、手机里的电玩游戏、汽车上的卫星导航、随处可见的LED灯，都成为过度刺激孩童身心稳定的乱源。

我们幼儿园的一名孩子，在学校不和其他孩子互动，而且非常爱哭，总是神经紧张，充满不明所以的恐惧，因此被医生诊断为疑似自闭症。孩子的妈妈从此带着他四处求诊，服用治疗药物并接受职能治疗。我后来深入了解，才知道孩子的家中永远有电视机或收音机的声音。我问孩子的妈妈为什么要这样做，她沾沾自喜地说，让孩子多听多看，可以学习讲话。

不妙，这个误解太大了！这位妈妈不明白，孩子学习讲话必须要透过和人互动，也必须获得响应，而不只是单向的接收而已。我后来请这位妈妈不要再打开电视和收音机，也别再让孩子看电视，结果孩子莫名的不安情绪便逐渐稳定下来。

无所不在的电视

一名三岁大的小女童长得干干瘦瘦，妈妈说她早餐胃口不好，而且总是消化不良，问我早餐应该给孩子什么样的食物。我建议早餐给孩子吃饭配菜是最好的饮食方式，女童的妈妈听了瞪大眼睛，觉得不可思议。因为她就是觉得孩子吃固体食物就消化不良，所以早餐都只给她喝流质食物。我进一步了解以后发现，原来女童吃早餐都要配电视，看得太入神就会忘了咀嚼，把食物囫囵吞下肚，当然会消化不良。电视的危害果真是无所不在。

有的大人认为，只要为孩子选择好的电视节目，像是动物频道或是探索频道，就可以让孩子从中学习和经验更多世界的丰富奇妙，其实这是错误的理解。因为从屏幕上看到的大自然并非真实，孩子也缺乏足够的生命经验去想象和理解影片的内容。每个孩子受到的电视的影响都不同，有的孩子一看电视就欲罢不能，有的孩子却对电视兴趣缺缺。爱看电视的孩子，盯着电视屏幕会出奇的安静。很多大人都知道，对付吵闹不休的孩子，只要打开电视，就可以让他们好像中了魔法似的安静闭嘴，所以有人戏称电视是“最好用的保姆”。

大家有所不知，孩子会这么安静，是因为他进入了发呆出神的状态，当然不懂得吵闹。可是当你把电视关掉后，孩子会从发呆出神转而进入粗暴、野蛮的过动或是自闭状态。所以电视儿童在学校常常是横冲直撞，完全不懂得什么是“崇敬的气氛”，因为他们平日都受到了过度的声光刺激。

• 电视迫使大脑采取“停止运转机制”

华德福教育并不建议让孩子看电视。关于这一点，我们可以举出一项名为“停止运转机制”的实验研究。这个实验告诉我们，婴儿并非被动地任由环境摆布，他们的身体对外来的干扰性刺激会采取强大的应激反应，称为“停止运转机制”。当我们给孩子一闪一闪的光线刺激时，大约十五分钟左右，孩子的大脑会自动停止运转，进入假性睡眠状态，也就是眼睛虽然张开，继续接受光线刺激，不过这时的脑波已经进入一种睡眠状态，藉此隔离外界对他们的过度刺激。而身体采取这些反应，是需要耗费大量能量的，如果大人不给孩子制造这么多不必要的刺激，他们大可以将这些宝贵的能量拿来做更有效的利用。

各位如果把家中的灯光照明全部关掉，只留下电视继续播放，就会发现电视的荧光幕其实在不停闪烁，就如同上述实验中的光刺激源。所以让孩子看电视时的光刺激，会干扰孩子，让他们的大脑应接不暇，迫使脑部进入“停止运转机制”。大人误以为孩子坐在电视机前动也不动，是太过专注的缘故，其实他们正处于发呆出神的状态。

• 看电视导致“再进入困难症候群”，让孩子行为失常

正常的孩子，特别是幼儿，应该是经常动个不停才对。因此看了很久的电视才从“停止运转机制”中醒过来的孩子，会经历“再进入困难症候群”，出现行为退化现象，包括变得坏脾气、吹毛求疵、不开心，或是万分疲倦，或是急躁易怒、野蛮无理、过动不安、行为粗鲁、神经质且焦虑，甚至是漫不经心无法专注、很难与人相处，还经常抱怨“无聊”。有这些表现的孩子，容易被医生临床诊断为过动或自闭，事实上他们只不过是因为看了太多电视，而持续表现出“再进入困难症候群”的症状。

在幼儿园中工作的老师，经过一个周末以后，星期一就常会看到孩子出现“再进入困难症候群”的表现。可想而知，孩子应该是假日看了太多电视，或进入声光刺激嘈杂的场所，像餐厅、百货公司、大卖场等，而变得躁动不安。

有些大人在经历一整天的各种压力以后，会想要看电视纾压。他们手上拿着电视遥控器，从第一台频频切换到一百多台，其实并非真的在看电视，只是让自己发呆放空，进入一种假睡眠状态。但是成长中的孩子大脑十分活跃，身体四肢也渴望活动，真的不需要电视来搅局，干扰他们的正常发展。

1972年的医学解剖研究便发现，脑部的解剖组织和化学结构会因为过度刺激或是缺乏刺激而改变。坐着看电视是一种单向的传递，是缺乏参与和互动的行为，而大约五岁的孩子，都还会以为电视里面住着人，他们不能理解电视里的人为何不和自己说话，因此会造成和其他人互动困难的结果。所以经常看电视的孩子非但不会变聪明，他们的心智和身体还会受到不良影响。

我鼓励大家试着把家中的电视束之高阁，对幼儿来说，只要用一块布把电视盖起来，他就会以为电视不见了，根本不懂得去把布掀开，将电视找出来。不过四岁以上的孩子如果见过大人看电视，那么这套方法就不管用了。

COLUMN
“停止运转机制”实验

“停止运转机制”实验，是将一群婴儿放在一间屋子里，在距离他们头顶上方五十公分的高度放一盏灯。先把灯打开三秒钟，再关掉一分钟，又打开三秒钟，再关掉一分钟……如此反复进行。实验全程监控婴儿的心跳、呼吸和脑波，想要知道灯光的闪烁是否对他们造成了哪些影响。

结果发现，灯光第一次放亮，婴儿做出强烈的惊吓反应，而随着灯光多次明灭之后，惊吓反应的强度逐渐减弱；到了第十次，受试婴儿的脑波、心跳已经不再起特殊变化；直到第十五次，婴儿的眼睛虽然继续接受光源刺激，脑波却呈现睡眠状态；第二十次，光源刺激停止以后，婴儿突然从这种假性睡眠状态中惊醒过来，大哭、尖叫、全身不停地激烈扭动。

电视、计算机都会带给孩子令世界感到不一致的经验，这种分裂性的、让人分不清真假的虚拟特质，使孩子的内在无法与外在真实连结，造成将来判断力发展的问题。

【公分】厘米。

聒噪不休的卫星导航系统

我们的幼儿园有个孩子，每到自由游戏时间，他什么也不玩，总是一个人到处闲晃荡，嘴里念念有词："文心南五路……中山北路……"一长串的路名，在他口中如数家珍。原来，他每次一坐上家里的车，爸爸就习惯打开卫星导航系统，孩子无形中受到不断的声光刺激，养成奇特的行为。这并非特例，只是这孩子表现得特别强烈。

过早的艺术陶冶

不少求好心切的父母，喜欢带孩子到美术馆、博物馆去欣赏艺术展览，或是到表演厅去接受戏剧、舞蹈、音乐表演的熏陶，想要提升孩子的文化气质。但是对七岁前的孩子来说，他们的理解力太有限，看不懂听不懂也就罢了，还会受到过度的神经刺激。孩子需要的是大人温柔的对待，过着规律有节奏的生活，大人也许会担心这样单调乏味地过日子是否剥夺了孩子的学习机会，但其实学龄前孩子需要的是在重复的生活步调当中不断深化学习。连欣赏儿童剧场，都不是这个阶段的孩子可以消化吸收的。

常见父母为孩子安排了一个多彩多姿的周末假期活动，紧接着星期一在学校看到孩子，就出现了明显的“星期一症候群”，孩子躁动吵闹、静不下来，失去了原本的规律性。

因此我们建议有幼儿的家庭，周末假期一样要过着和平日一致的规律生活，到附近的公园散散步就是最好的活动。经常到同一个地方去感受大自然的四季变化，对幼儿全家来说已经足够。如果要出门去玩，车程最好也不要超过半小时。我们有的“热血”父母开车载孩子上山下海四处去，一回家孩子就生病发烧了。他们不知道，就算是宽敞舒服、设备周全的私家大轿车，只要坐久了，不能自由活动，就是对孩子的过度刺激。因为孩子的生理特性就是要不停地动，把他们局限在一个空间太久，他们一下车必定会到处横冲直撞，试图伸展肢体、释放压力，等到能量纾解以后，他们才能够安静下来。也因此，我们的幼儿园没有校车，不载远路的孩子过来上学，因为娃娃车在路上绕太久，会对孩子形成不良的刺激和压力。

人群杂沓的公共场所

很多父母会把孩子带去逛百货公司或是大卖场，到人声鼎沸的餐厅吃饭，想让孩子参与热闹有趣的生活。这些场所的共同点就是密闭的环境、众多的人潮、嘈杂的声音、炫目的灯光、目不暇接的新奇事物、空气中充斥着化学品的气味，无一不是在对孩子的感官造成过度刺激。

我常强调，孩子要的其实不多，倾听大自然的潺潺流水声、徐徐风声、淅沥沥的雨声，还有虫鸣鸟叫狗吠，天空飘过的云朵，树丛间洒下的阳光等，都能带给感官美好的体验，而这些就是他们最好的生命经验了。

大人的言语刺激

大人对孩子做出各种不当的言语刺激，是我在幼儿园常常见到的事情。例如，有个两岁半的小女孩放学了，她的阿嬷和妈妈到学校接她。阿嬷先进到学校，老师将孩子今天在学校尿湿的一小包裤子交给阿嬷，请阿嬷带回去处理。这么简单的一件日常小事，在妈妈随后进来时即出现变数。

只见阿嬷对妈妈告状说：“你女儿又尿湿裤子了啦！两次喔！”妈妈一听，反应十分激动，频频质问女童说：“为什么？为什么会这样？你明明就已经会讲说自己想尿尿了，为什么还尿裤子？”

孩子看到妈妈来接她，本来非常开心地冲上前去，不料迎接她的热情的却是妈妈连珠炮似的质问，孩子感觉到强烈的挫折感，不高兴地把嘴一撇，“哼”地别过头去。这回轮到阿嬷有意见了，她数落女孩说：“吼，这女孩子个性怎么这么坏，讲两句就生气，说都不能说。”

这一整个过程，两个大人不停地对孩子进行言语刺激，挑起孩子的情绪反应，却还要反过来怪孩子情绪太多。

小女孩的妈妈原本就是我的病人，她在怀孕期间完全无视于我的劝阻，吃了太多冰品，她非吃不可的理由竟然是“没办法，我太热了”。结果这孩子生出来以后胃肠很差，还患有严重的异位性皮肤炎。当她不断质问女儿为什么要尿裤子的时候，我突然也很想质问她：“当初你怀孕的时候，叫你为了孩子好，不要吃这么多的冰。你为什么？为什么就是一意孤行，不听劝？”

当然，这时候才来翻旧账已经没有意义，就如同追究一个不到三岁大的孩子为什么要尿裤子一样，是根本没有必要的。我们必须了解孩子的年龄发展和相应的成熟度，不要过度苛责，给予他们言语上的刺激。

• 不当言语刺激破坏孩子自我保护的界线，引发疾病症状

有一位爸爸带着七岁的孩子来看诊。这孩子的主诉症状是异位性皮肤炎，头顶的病灶痒得他晚上无法入眠。我检查孩子的皮肤，看不出有异位性皮肤炎的症状。可是爸爸坚持说这孩子总是不停抓痒，尤其是喜欢抓搔自己的头。我后来在和这位父亲的谈话过程

中，终于找出问题的症结。

这位爸爸自幼丧父，所以从小学会咬紧牙关过生活，样样都得自立自强。我观察他火相气质明显，在面对困难的时候，只会越挫越勇，所以他才三十多岁就已经拥有自己的营造事业。“虎父无犬子”，如此的强人性格自然让他对自己的孩子充满期待，想当初他一个人都能打拼出这般傲人的成绩，孩子有他这样的爸爸做后盾，焉有不成功的道理。

我也观察到他们父子的互动，只要孩子候诊的时候没有端正坐好，就会被爸爸高声斥责，声量之大把我也吓了一跳。我问孩子问题的时候，孩子只敢小声回答，又被爸爸厉声纠正说：“大声一点！说大声一点，听到没有！”虽然说爱之深责之切，但是爸爸对孩子的管教宛如在军队里进行军事化管理，已经吓坏稚龄的孩子。

我大概看出了端倪，于是向这对父子解释说，孩子的病情并不严重，大人只要对孩子说话和颜悦色，并且绝对不打骂孩子，就能有效地帮助他好起来。我会在孩子面前这么说，也是希望七岁的孩子可以逐渐学会保护自己的界线。

两个星期以后，孩子前来复诊，皮肤搔痒症状改善了很多。我听孩子的妈妈说，自己的先生在这两个星期当中十分克制，偶尔故态复萌，嗓门大起来，孩子会提醒他说：“喔，爸爸，医生说你不可以打我，也不可以对我大声喔！”

事实上，这孩子并没有皮肤病，但是他非常焦虑，情绪十分紧绷，随时害怕被责骂。他只要被骂，就会忍不住抓痒。我看到很多异位性皮肤炎的孩子，都有凡事过度紧张或是强势跨越孩子界限的父母，引发孩子的情绪焦虑。

皮肤是人体隔离外界环境的界线，也是身体的保护层。孩子尚未形成自我意识之前，他的意识只能停留在父母身上，他的人我界线也不完整，大人的高声斥责，就是侵犯了孩子的界线，让他们无形的界线破损，反映在身体有形的界线，也就是皮肤上，形成所谓的皮肤病。所以父母必须保护孩子的界线，不应该任意跨越，造成他们的心理威胁，甚至发为皮肤病。

对孩子不恰当的言语刺激，甚至是肢体刺激，不只会影响孩子的生长发育，还会造成疾病，这都是身为父母者始料未及的结果。

基本上，大人对孩子讲话的声调、内容，都会影响孩子身体的功能运作。例如，对孩子大声斥责或是提高嗓门说话，会让孩子受到惊吓，全身的血液循环突然中断。我们都希望孩子脑部神经连结发达、灵巧聪明，但是这样惊吓孩子，岂不是正好反其道而行，抑制了他们脑部的发展，也伤害了他们的健康。请用你温柔的声调、美好的语言，为孩子讲述光明的故事，这就是父母能为孩子做的最好的事情之一。

COLUMN
孩子越大声，老师越小声

华德福的老师对孩子十分温柔，而且孩子愈大声，老师就愈小声，和一般的幼儿园很不一样。孩子精力旺盛，稍微一兴奋就爱高声喊叫，所以一般幼儿园的老师需要有过人的丹田，和孩子比嗓门。恶性加码的结果，非但达不到“恐怖平衡”，还会演变成鸡飞狗跳的局面，孩子则更加躁动，无法安静下来。

这时候，老师压低声音，反而会引起孩子的注意，想要听清楚老师在说什么，自然会逐渐平静下来。这就是华德福幼儿园维持平和温馨气氛的一大诀窍。

第二个L：
让孩子变得懒惰（Lazy）

懒惰和意志力是相冲突的。懒惰是不喜欢用四肢做事，不愿意活动身体，所以事情就会被搁置无法完成。不用身体的孩子，小肌肉无法强壮，四肢肌肉乏力，自然没有力气做事，从而变成凡事依赖、没有意志力的人，这绝非父母所希望。

凡事代劳，
养成孩子四体不勤的懒惰习惯

幼儿园的孩子会背个小包包来上学，里面装一些干净衣物以便换洗。不少孩子一见到大人来接他，就很“自动自发”地将包包塞给大人，自己无包一身轻，这就是养成懒惰习性的开始。虽然只是学龄前的孩子，但有些简单的日常小事，像是扣扣子、穿衣服，都应该由孩子学习自理，华德福幼儿园甚至会让大一点的孩子学习切水果，让他们经验真正的工作。

父母就是父母，不是孩子的驴子或书僮，爱孩子的父母要让孩子适度地承受一点重量，才能够锻炼出他们的意志力。其他像是帮孩子剥香蕉、把西瓜子先挑掉等竭尽所能为孩子提供的“服务”，让他过着茶来伸手、饭来张口的日子；老是让孩子坐着看书，不让他出去活动；衣服袜子都要帮孩子穿好，不让他有自己动手的机会；处处专车接送，孩子不必自己走路……这些都是在剥夺孩子的学习机会，从小养成孩子懒惰的习性。

前面提到我们的华德福幼儿园没有娃娃车，就是要避免校车一一载送孩子绕呀绕，让他们停留在车上太久时间。这不仅是一种不当刺激，也会养成孩子四体不勤的懒惰习惯。

放手让孩子学习最切身而有用的生活体验

我的外子是西医，从小在家中受到悉心的照顾。公婆总是对他说："你什么都不必做，只要读书就好。"反观我自己，我也是医生，但是父母从小要求我样样都要会，什么都得跟着做。和外子结婚以后，连怎么煮饭都不会的他，在家中几乎就成了"闲闲没事做"的书生。有一天我忙到分身乏术，请他到市场帮我买一把菠菜，他去到摊位前，对老板说："我要买菠菜。"老板回他说："就在你面前啊！"

有一阵子他长了湿疹，我告诉他长湿疹的人不可以吃芝麻和花生这类"发物"，不然皮肤会更痒。但是五谷不分的他看不懂素食餐厅里的复杂菜色，常常误食了发物又不自知，像是手卷里面都会有花生粉，他却吃得津津有味，浑然不知已经"误触地雷"，所以病灶痒个不停。

身为一名医生，他经手过成千上万名病人，绝对具备足够的专业能力，但是他没有做家事的经验，缺乏最基本的生活常识。我只好不厌其烦的一样一样从头教起，也把他教会了。他现在不只是给病人治病的处方，还可以把最切身而有用的生活常识教给病人。

生活的体验就是这么重要，父母一定要放手让孩子去学习。样样代劳，甚至还有外佣伺候，只会剥夺孩子成长的机会。

COLUMN
学童肌肉活动不足造成的学习障碍

养育过孩子的人都知道，孩子出生以后，会有很多原始的反射动作。这些动作是婴幼儿在自主活动尚未成熟以前，为了稳定自己的姿势所产生的肌肉张力调整反射。而种种原始反射通常在宝宝出生六至八个月就会消失，他们也会开始学会自我控制躯体，并配合感官知觉，逐渐发展出协调的自主动作。而如果迟迟未能发展出这些自主协调性，就会成为所谓的学习障碍。

举“害怕反射”为例。当你抱着小孩时，必须扶住他的头颈，如果大人扶着头颈的手突然放开，孩子的四肢会猛然一放，这就是害怕反射。这一害怕反射形成于九个月大的胎儿，而在出生后两到四个月就应该消失。可是学龄前肢体活动不足的孩子，害怕反射一直未能消失，进入学龄以后，就会出现无法玩丢接球游戏等等的障碍。他们看着球丢过来，不会迎上前去用双手接球，反而会本能地向后倒退双手外张，任由球砸到自己。同样的，万一有人要欺负自己，这样的孩子也不懂得上前抵抗，只会退缩挨揍。

“迷路张力反射”则是脑部前庭系统主动且持续刺激抗重力肌肉群收缩的典型表现，这个反射到学龄期还未消失的孩子，就会出现仰着身体或是弓着身体看书的姿势。大人不明所以，每次看到孩子做功课的姿势吊儿郎当，就气呼呼地纠正，却终是徒劳无功。因为孩子勉强在大人面前坐正以后，没有多久身体就又往下滑了，经常有如趴趴熊。

学龄期孩子的学习障碍，在他们幼年的成长过程中都有迹可循，而这和大人的对待以及养育方式绝对有关。

适度劳累有益身心

现在大多数的孩子都是在大人的殷殷保护下长大，大人总是竭尽所能地避免让孩子疲累，所以孩子出门有车坐，书包有大人背，只要读书就好，家事不必沾手，这绝对不是孩子的福气。

身体其实知道什么对自己最好，所以孩子总是坐不住，活动身体的时间很长，就是要让自己去经验疲累。父母应该让孩子用自己的身体工作，而不是整日坐在教室听课；给他们自己走路的机会，而不是到哪里都坐车；让孩子自己爬楼梯，而不是抱来抱去……透过适度的劳累，孩子才得以体验到休息能够恢复生命力，而这样的生命体验很重要，因为他们会知道休息之后自己将好起来，所以很多劳累是可以忍受的。小时候的疲累经验可以强化孩子的生命觉，逐渐养成孩子坚忍等待的能力与生命的韧性。

经历疲累是生命当中辛苦的体验，不曾经历辛苦或痛苦的孩子很难对别人产生悲悯的同理心。常见到很多父母无微不至地照顾孩子，等到孩子长大进入叛逆期，开始会和爸妈顶嘴，爸妈忍不住抱怨孩子不懂得感恩，不能体谅自己为他从小到大吃了多少苦、做了多少牺牲。这也难怪孩子不知感恩，因为大人舍不得孩子辛苦，他从来没有吃过苦，又怎能体会父母所说的辛苦呢?

经常活动肢体的孩子会在下意识中知道自己必须经验生命中的劳苦，同时在心灵深处持续准备练习受苦，逐步养成悲天悯人的能力。

第三个L：
限制孩子（Limit）

如今的孩子所处的成长环境，与我们小时候有很大的不同。尤其是都市里的孩子，他们的成长环境处处充满限制，让他们失去很多充分活动肢体的机会，与自己去使用身体的经验。又加上大人处处限制孩子，使得他们很多内在能力都无法发展。

根据统计，妈妈每八十秒就会对孩子说一句“不行”。下禁令已经成为普天下妈妈的口头禅，不断地限制孩子“不行，沙坑太脏了，不要去碰。”“不行，溜滑梯太危险了，不准去玩！”……最常见的就是要求孩子乖乖坐着不要乱动，或是用不恰当的规定和教条限制孩子。每次在诊间看到被大人过度限制或压抑的孩子，我都会和家长聊一聊，藉以开导他们。

对孩子做“非分要求”，
是用大人的无知来责备孩子

我印象深刻的，是一名被诊断为过动症的四岁孩子。父母为了带这个孩子伤透脑筋，然而我怎么看都认为这孩子再正常不过。孩子的父母抱怨这孩子不懂规矩，和阿公讲电话讲到一半就跑掉了。他们认为教养孩子要趁早，所以一再教导他讲电话要“有始有终”，道过“再见”再挂电话，方才符合电话礼仪。我告诉他们，要求一个三岁的孩子立刻放下手边的游戏，规规矩矩地讲电话，这本身就是一项不合理的要求，有问题的是大人，而不是孩子。

孩子的妈妈还抱怨说，她明明和孩子约法三章，游戏只准玩到几点，之后就必须把玩具收好，可是孩子都不能遵守约定，让大人非常恼火。大人会做出这样的要求，基本上就犯了两大错误。首先，三岁的孩子并没有时间概念，和他们约定时间是没有用的；其次，不应该叫幼童自己收拾玩具，而是要陪着他们一起收，大人带头做给他们看。孩子的学习都是从模仿开始，尤其是七岁前的孩子，所以大人必须牵着孩子的手，带着他们说：“来，我们一起收玩具。”而不是直接对孩子下指令。

大人因为不了解孩子的发展，对他们有“非分的要求”。一旦孩子不能达到大人设定的标准，就责骂他们不乖，老是惹大人生气，这是用大人的无知来责备孩子，孩子真是有冤不得伸张啊！

孩子天生就是要不停地动来动去，因为他们动作笨拙，必须藉由一再活动身体，才能学会平衡、起身、走路、操作各种物品，父母要求孩子不要动，他们要如何学会生活的最基本技能呢？

想要让孩子静下来，必定要有足够的诱因吸引他们，值得他们静下来，像是说一则美丽动听的故事，就可以引得他们专注。如果只是一声令下，规定他们不要动，不出三秒钟，孩子的天性就又会让他们蠢蠢欲动了。

不让孩子生病反而有害健康

台湾少子化的社会，还出现一种“不让孩子生病”的普遍现象。乍听之下，父母很宝贝孩子，舍不得他们生病受苦。然而，生病当然是不得已，却不完全都是坏事，生病有其意义，我们要懂得解读其中的意涵，来帮助孩子的生命更臻圆满。

• 孩子生病的意义

基本上，老天爷不会让人生一个好不起来的病，生病是要让孩子在痊愈的过程中得到好处。经过一场病，我们必定会有所学习和进步。

前面讲到孩子必须适当地经验劳苦，同样的，孩子也必须适当地经验病痛。孩子一发烧就使用退烧药，一发作气喘就使用类固醇，把症状立刻压下来，其实都只是过度焦虑的大人想要让自己安心而已。人会生病，就表示还有需要学习的事；不让孩子生病，就是不让孩子学习。

有一个罹患气喘的九岁独生子。他每次感冒一定发烧，并发气喘，父母怕孩子受苦，总是心急如焚地带来看病。这孩子之所以经常感冒，全是因为脾气太拗。天冷的时候，大人叮咛他要多加一件衣服，他偏偏就是不肯，所以身体常常受寒。

有一次，他的父母又急匆匆地带他来看病，不巧我刚好请假不在，孩子的爸妈这回吃了秤砣铁了心，决定要让这个牛脾气的孩子好好“品味”自己种下的苦果，不带他看医生，让他在家发烧几天。整整三天以后，他靠着自己的自愈力好起来，也从此学乖了，他对妈妈说：“以后你叫我穿衣服，我会乖乖听话了。”

这就是孩子经由生病的痛苦领受到的益处。身体的病痛能提醒我们学会自我约束和产生意识，就像这孩子从此学会如何照顾自己的衣着，才能够不再生病受苦。

又比如说，大一点的孩子贪玩，晚上不睡觉，结果头痛生病。生病受苦可以让他知道必须约束自己的睡眠时间，而不是无限制地任随自己的喜好行动。如果一头痛就吃止痛药，孩子无法从病痛当中学习教训，势必一再重蹈覆辙，不能获得成长。

• 不让孩子发烧的后果

幼儿园里有个孩子，从小只要一感冒，父母就急忙带他看医生打针吃药，因为用药太多，这孩子体质越来越孱弱，最后罹患气喘。气喘发作有可能危及生命，所以医生开始要求他使用类固醇，类固醇具有抑制免疫反应的作用，也有止痛的效果。一天，这孩子在学校被掉落的树枝割伤脚背，但是他竟然没有一点疼痛的感觉，直到进教室以后，老师看到孩子脚上的伤口，要为他处理，他却面不改色，一点也不在乎。

如果是生命觉发展较为良好的孩子，遭遇到同样的状况会感到疼痛、害怕，还可能会哭泣，要求包扎伤口。但是经常使用药物，会降低孩子的生命觉，对病痛缺乏感知。生命觉发展不良，遇到疼痛或危险也不知道害怕，会威胁到孩子的安全。生命觉可以说是从痛觉当中发展出来的感官觉，生命觉发展得好的孩子，会懂得自我保护。

还有一个孩子，经常感冒发烧，父母总是求助于退烧药。这孩子胃口很差，个子又瘦又小，父母担心他长不高，于是请我为孩子调养体质。我要求家长不要每次孩子一发烧就服用退烧药，妈妈面有难色地说："这孩子发烧很容易热痉挛，不立刻退烧会有危险。"我于是退一步要求说："学龄前的孩子本来就很容易发烧，消化不良会发烧，累过头会发烧，睡眠不足也会发烧，任何情况都可能诱发身体的发烧反应，所以在为孩子调养体质的半年内，尽量不要带孩子出远门去旅行。"

可是这孩子的父母并没有体认到事情的重要性，

依旧随兴带孩子出门游玩。有一次，孩子已经感冒，他们全家仍开车到山上旅行。第一天，孩子玩得很疯狂；第二天，车子还开在山路上，孩子就发烧了。父母因为担心孩子又会发作热痉挛，所以立刻祭出退烧塞剂。孩子的妈妈说，她无法不给孩子用退烧药，因为只要孩子一生病，她就担心害怕，一夜不能阖眼。换句话说，妈妈也是不想要累坏自己，所以才寻求退烧药的立即效果。

像这样每次发烧就立刻使用退烧药，身体不必经由自己的努力烧就退下来，会造成免疫系统始终发展不出更好的能力，往后发烧会一次比一次烧得严重。

另一位妈妈则采取完全不一样的做法。她接受人智医学的建议，在发烧的孩子身边观察照护了三天。第三天，孩子全身长出玫瑰疹。她打电话问我该怎么办，我告诉她玫瑰疹大约三到四天会自然褪去。她于是又耐心照顾了孩子三天，直到疹子褪去。这几天，孩子的胃口始终很好，也没有因为生病而消瘦。生完这场病以后，大家都发现这孩子突然长高了。

从以上可知，大人的信念和处理态度会影响孩子发展出不一样的健康结果。所以大人应该克服自己的心理障碍与焦虑，选择真正有益于孩子的方法。孩子生病的时候，给予细心的照顾、勇敢坚强的陪伴，让孩子靠自己的力量退烧，那么下一次生病发烧的间隔时间将会拉长，发烧的温度也会降低，孩子会变得越来越强壮而不易生病。

• 不让孩子咳嗽，只会越咳越严重

小孩子很容易咳嗽，有的孩子晚上一咳起来就无法入睡，咳得大人心疼不已，赶紧喂孩子服止咳药物。但是中医认为“无痰不作咳”，如果不是肺炎这类危急的病，咳嗽都只是排痰的正常反应。感冒的初期有上呼吸道感染，肺部会出现痰液，所以必须把它咳出来。

夜间躺下来以后咳得更凶，原因有二。一是呼吸道积痰，身体躺下来以后，细支气管不受地心引力影响，所以里面的纤毛努力要把痰排出，而诱发一连串的咳嗽。另一个原因，有可能是鼻涕倒流刺激咽喉，让喉咙发痒咳嗽，而它的危险性就更低了。

以上两种情况，其实都不值得紧张，只要把痰液排出，咳嗽自然会好。如果不愿孩子咳嗽，而让他们服用止咳药物，反而会拖延病程。因为有痰不出，用止咳药暂时镇住，等到停药以后，身体的自愈反应又会启动咳嗽机制，孩子便会再度咳起来。这样来回反复，不仅咳嗽不好，胃口也会因为服用太多药物而变差。像这样，大人处心积虑不让孩子生病，结果反而伤害了孩子。

COLUMN
发烧是身体有产热的需求

华德福教育认为，一个人从出生到二十一岁形成完整自我的阶段当中，最常出现的疾病症状就是发烧，特别是在七岁前，孩子生任何病几乎都会发烧，就连不生病的时候也会发烧。哪怕只是去参加一个庆生会，或是出去玩得太累也要发烧。人会发烧，是因为身体有产热的需求，这一点，无论大人小孩都一样。

人体内在37℃左右运作功能最好，也最能够发挥良好的免疫功能。但是现代人习惯空调环境，小孩子从一出生就吹冷气，大家吹得理所当然，反而忽视了这原来是一种不合理的行为。一年四季的轮转当中，会出汗的季节大概就是夏季了。身体出汗可以散热、排毒，对健康大有意义，只因为出汗的感觉不舒服，大人就开冷气让孩子图个凉快，罔顾出汗的健康作用。

我的孩子从小就不吹冷气睡觉，这是有原因的。吹了冷气的身体，体温会逐渐下降，降到36℃左右，身体就会发抖藉以产生热能。我们又无法完全禁绝孩子偷偷跑去买凉饮喝，而凉饮下肚，体内温度可能降到35℃左右，身体会开始出现虚性便秘、自律神经失调、过敏反应等一连串症状。不但如此，这样的低体温是病毒和癌细胞的最爱，等同是让自己曝露在种种不健康的风险之下。

日常的环境温度、饮食的温度和寒热性质都会在不知不觉间影响我们的体温，当身体试图要产热，以提高体内温度的时候，我们却服用退烧药，让体温加速下降，结果身体自然产热的努力付诸流水，留下不良的后遗症。

COLUMN
人智医学如何看待孩子发烧

人智医学并不建议随意帮孩子退烧。这一点，我在《病是教养出来的（一）》中，已经有详细的说明，而它在执行方法上和现代医学有些不同，所以我在此补充解释。

孩子发烧至少有四大功能，分别是：1. 强化免疫力；2. 促进性格更趋成熟；3. 让个体长大以后成为有弹性的人；4. 防止遗传疾病的发生。

1. 强化免疫力

当孩子的体温升高到38℃的时候，身体会启动自身的防御系统，让体内白血球增加两倍。我观察孩子如果吃得太多或是吃错东西，出现消化不良现象，就容易发烧，这时的体温大概在37.5℃左右。这种消化不良引起的轻微发烧，若是服用退烧药物，会加重胃肠症状，把发烧的病程拖得更长。

而万一孩子真的因为感染发烧到39℃以上，身体的白血球将会增加到八倍之多，可以用来对抗感染。

2. 促进性格更趋成熟

说来奇怪，孩子发烧之前也许很讨厌某个同学，但是生了一场病之后，竟然能和这个同学成为好朋友。原来，人活着除了吃喝拉撒睡之外，还需要情感的温暖。如果有老朋友从很远的地方来看你，你是否会在心中油然而生一股暖流呢？这就是心理上的温暖。孩子需要心理的温暖，也需要生理上的热，好让心灵成熟，让身体长大。

此外，孩子是从灵性世界而来，进入到物质身体，两者必须透过每一次的发烧逐渐紧密结合。我们看小孩子总是笨手笨脚，这是因为灵性体和物质体尚未能顺利结合的缘故。而透过每一次的发烧，两者不断磨合，终于能够紧密结合，仿佛穿着大小刚好的合身衣裳。

3. 让个体长大以后成为有弹性的人

发烧是一件痛苦的事，然而经过几天折磨人的发烧过程，身体将会知道自己能够忍耐多高的热度，这有助于孩子长大以后成为一个具备耐受力的个体。

4. 防止遗传疾病的发生

孩子借着发烧，可以换掉得自父母的不良遗传基因，像是过敏、家族癌症疾病等，降低未来可能的患病风险。

COLUMN
人智医学对发烧的护理

面对孩子发烧，一般而言只要不超过41℃，大人可以先在家为孩子做适度的护理。这样做，可以减缓发烧的不适，并有助于让病程尽快结束。

泡柠檬澡

取一颗有机柠檬，在一缸温热的洗澡水中切开，将柠檬汁挤在水中。水的温度可以稍微热一点，不过还是要以孩子能忍受为度，让孩子浸泡约十分钟左右即可。

柠檬是一种可以帮助身体恢复原有秩序的植物，孩子泡过柠檬澡以后，睡一个晚上，通常就能够恢复正常体温。

COLUMN
人智医学对中耳炎的治疗

现在的孩子常见罹患中耳炎，一旦发病，往往就会发烧。有的孩子特别容易反复发作，却也有从不患中耳炎的小朋友，两者之间的差别究竟在哪里呢？

西医治疗中耳炎，一般会使用抗生素。如果孩子发烧，还可能加码使用退烧药。中医认为退烧药会降低肾功能，而“肾开窍于耳”，从胚胎学来看，肾脏的细胞和耳朵的细胞系出同源，都来自于头部。所以幼童如果经常使用退烧药，会损及肾脏功能，连带降低耳部的代谢能力。肾的功能之一在于调节身体的水分，中耳炎的发生原因就是中耳积液，表示肾脏的排水功能已经出现障碍。这时候未能处理肾脏的功能不良问题，又服用抗生素伤害肾脏，也难怪孩子的中耳炎会反复发作。

人智医学居家护理对于孩子的中耳炎有其处理方法，而且极其简易。方法是将有机洋葱切碎，把洋葱汁挤在一小球棉花中，放在患耳外耳道开口处，第二天耳朵就不痛了。幼童清醒的时候可能会抗拒，所以大人可以趁他熟睡的时候，把洋葱棉球放在其患耳处。

大家应该有过切洋葱时那种泪眼汪汪、泪水与鼻水齐下的经验，洋葱是一种能促进身体孔窍分泌物排出的植物，利用洋葱的这一特性，可以引出耳朵里的积液。

我把这个简单好用的办法传授给幼儿园的家长，果然颇受好评，大家从此都不再害怕中耳炎威胁孩子的健康了。透过这种自然疗法治好中耳炎，日后再罹患的机率也会降低，因此是简易有效的护理良方。

COLUMN
孩子不吃饭，
不一定是脾气拗或习惯差，
可能是生理健康问题

我是华德福幼儿园的驻校医师，平日在学校协助老师进行园生观察工作，目的在观察园生的活动或行为问题，背后是否起因于生理上的健康障碍。什么是“生理上的健康障碍，引起的发展状况或行为问题”呢？举一个让我印象深刻的例子。

在诊所看诊时，常常会有妈妈抱怨自己的孩子不爱上学。就有这样一名四岁的幼童，不愿去上幼儿园。一问之下，这孩子抱怨学校老师总是强迫他吃饭。

这孩子一向胃口不好，在家的时候，父母无论如何威胁利诱也别想要他多吃一口。可是幼儿园的老师毫不留情面，就是要他把饭扒光。园方虽然是出于善意，却已经吓得孩子对学校生活却步。

我必须找出孩子不吃饭的原因。发现他腹胀如鼓，追踪他的成长过程，知道他从小体弱，经常发烧，每次发烧都依赖西药退烧，以至肠胃虚弱，消化功能差，吃东西容易胃胀。肚子一胀气，当然不会有胃口。所以孩子不吃饭，不是脾气拗，也不是父母没有训练他养成良好习惯，纯粹是因为腹胀难过吃不下饭的生理健康问题。

父母要将稚嫩的孩子送到幼儿园，必须下定很大的决心。因为把这么幼小的心肝宝贝送到学校，一待就是一整天。他在学校都做些什么？老师对他好不好？和同学玩得开心吗？几乎没有一件事不叫父母牵肠挂肚。但是当父母把焦点放在学校，严密监督学校是否亏待自己的孩子时，也应该省视自己与孩子的相处之道，生活中是否频频出现三个L，忽略了重要的三个R？由衷期待所有爱孩子的父母都能够用对方法来爱孩子，免得徒劳无功，甚至妨碍了孩子的成长发展。

COLUMN
正确利用脂肪为孩子补脑1

丰乐华德福托儿所做的每一件事，都在为学龄前的孩子奠定将来身心灵平衡发展的基础。我们的教室布置让孩子感受到犹如在母亲子宫内的温暖安全；绿意盎然的户外庭院，让孩子置身于芬芳的花草、飞舞的蝴蝶及可爱小动物的自然环境中。温柔的老师滋养孩子的情感，课程的安排让孩子在自由呼吸中学习。这些都是家长一眼可见的，但是你无法立即明白孩子在学校吃些什么食物。

孩子每天都利用他们吃进去的食物来建构身体和器官，食物直接影响幼儿物质体和生命体的发展，所以这是攸关一辈子健康的重要议题。大多数学校给孩子吃的食物，往往只关心料理方便、价格便宜、孩子喜欢吃就好，未能注意到孩子是否可以消化这些食物，食材的寒热属性是否平衡，更别说食物的质量及其对孩子的发育是否会有所帮助或伤害。丰乐托儿所聘任我当驻校医师，希望我来照顾孩子和老师的健康，我所做的第一件事就是为厨房把关，所有不健康的食材一律不得进到托儿所厨房。

食用油是我们每天必须摄取的养分，对身体健康影响极大。人类的大脑有60%是脂肪所构成，脂肪有助于稳定神经系统，并且是建构细胞膜最主要的原料。好的食用油能让孩子享有满足感及安乐感，而摄取不良的食用油便犹如在给孩子的全身细胞及脑神经细胞进行豆腐渣工程，让孩子的身心发展从天堂掉入地狱。

正因为了解食用油对孩子成长的重要性，所以我选择两种好油作为孩子每天摄取的营养，分别是有机黄金亚麻仁籽油和有机苦茶油。苦茶油和橄榄油的成分极为类似，优点是可以耐高温烹煮；而黄金亚麻仁籽油的不饱和脂肪酸Ω3、Ω6、Ω9比例极佳，是非常理想的食用油。

以下分别说明我选择这两种油为孩子“补脑”的理由。

COLUMN
正确利用脂肪为孩子补脑2

·冷压现榨有机黄金亚麻仁籽油

人体的细胞膜是防止病源体入侵的第一道防线，有健全的细胞膜才能免于感染和生病，而细胞膜的主要构成物质中，有一半是必需脂肪酸中的Ω3和Ω6。Ω6普遍存在于各类动植物油脂中，而Ω3以深海鱼油含量最为丰富，植物性的主要来源则是亚麻仁籽油。除此之外，几乎不可能从其他常见食物中摄取，所以若没有刻意补充Ω3，便难以确保细胞膜的完整度及功能性。

尤其是包覆着神经细胞轴突、发挥传递效果的施旺细胞（Schwann cell），必须仰赖Ω3必需脂肪酸加以保护，以确保神经讯息的传递速度，这关乎着孩子的学习能力好坏。

目前已知因为神经系统不稳定而产生的过动、急躁、焦虑、忧郁、注意力不集中等精神症状，与Ω3脂肪酸缺乏密切相关；而现代常见的过敏（发炎）体质，也与缺乏Ω3大有关系，所以Ω3被称为“疗效脂肪”，或“大脑的食物”。

婴幼儿的脑部神经发育非常迅速，因此想要孩子长脑力的父母，不只是要讲究用有机饲养和有机栽种的食材，还要计较正确的脂肪摄取比例，来促进孩子脑部的神经连结和学习效率。

坊间到处都有亚麻仁籽油，质量的好坏很难比较。而有机的亚麻仁籽油价格高贵，就连很多家长也舍不得掏腰包。因此供应厂商看到我们订购最顶级的有机冷压黄金亚麻仁籽油，直呼不可思议，不敢相信学校给孩子吃这么好的油。这些每周从一粒粒金黄色亚麻仁籽现榨而成的新鲜油脂，没有臭味和苦味，用来拌菜、沾面包、拌饭等，应用于各式料理，让孩子吃得健康，头好壮壮。

• 冷压现榨有机苦茶油

苦茶油含有丰富的Ω9单元不饱和脂肪酸，是目前市面上可购得食用油当中Ω9含量最高（82%）的。Ω9脂肪酸对防治心血管疾病、降低坏胆固醇（LDL）及提升好胆固醇（HDL）十分有帮助。本草纲目记载，苦茶油具“明目发亮、润肠通便、清热化湿、杀虫解毒”的功效。中医认为苦茶油性温，有极佳的杀菌及除寄生虫作用，现代人常吃生菜色拉、生鱼片等生食，幼儿又常把手边的东西都往嘴里塞，很可能吃进寄生虫卵，妨碍消化道功能并引起过敏。生饮30cc～50cc苦茶油或拌入食物中，可使寄生虫大量排出，并能有效帮助改善肠道菌相，杀死对人体有害的肠道寄生菌及寄生虫。对于肠道菌相不佳、排泄物及放屁带有恶臭的人，以苦茶油搭配益生菌食用，可望得到令人满意的效果。我的两个孩子从小就养成用苦茶油拌饭做早餐的习惯，所以如今长得又高又壮。更重要的是，苦茶油可耐高温烹调，不会劣变成反式脂肪。学校在为孩子准备食物时，有时必须以煎炒方式烹调，但是亚麻仁籽油不耐高温，此时苦茶油便派上用场了。

冷压橄榄油也富含Ω9脂肪酸（73%），因此在国际上备受推崇，但是它并不耐高温烹调（冒烟点只有160℃），所以无法满足国人的烹调需求。苦茶油的冒烟点（质变点）高达252℃，是市场上所有正确成分Ω9的油脂中唯一符合煎、炒等高温烹调习惯要求的好油。在大多数人一昧偏好进口橄榄油时，切莫遗忘阿嬷教给我们的饮食智慧，善用在地的苦茶油来增进家人的健康。

【在地】本地，本土。

附录1

真正认识我的孩子

湿冷的东北季风在火焰山前停下了脚步，在前方迎接我的，是晴朗的天空和温暖的家。想到孩子放学时迎向我的灿烂笑容，那些工作上的疲惫，就让它随大安溪水，流进远方的海洋吧！

每个星期总有两三次，为了没办法打包带走的工作，必须行驶到一百多公里外。被工作压力包围而心力交瘁的时候，也曾经问过自己，为了孩子就学，举家迁居值得吗？但是当我想起自己的充实与孩子的成长，所得到的收获其实比当初盼望的还要更多，工作上增加的些许舟车劳顿，倒成了微不足道的小事了。

一个父亲可以如何为孩子的教育尽力？

对于孩子教育的将来，我一直在寻觅、思索一个父亲可以如何尽力。我曾想过：或许我可以选上小学的家长会长，为孩子安排风评最好的导师；小学毕业后再想办法安排他进入最热门的私立中学。但孩子要面临的困境依旧，让我觉得无力且难受。

我可能必须眼睁睁地看着他：被迫“提前”在幼儿园学会国小课程，只因同学们都会了，国小老师只好跳过不教；必须每天写着惊人的作业和重复的习题，只因作业出太少的老师会被家长视为“不认真”；必须在放学后被关进安亲班里，把学校已经教过的课程再“补习”一遍，只因放学后唯有安亲班才找得到同伴。

难道身为家长的我们，只能无奈地看着孩子一步步走向如此扭曲的环境，让父母的无力和孩子的无助，成为生命里的伤恸？然而，想要在这样的体制与环境下，带领孩子走出自己的身心健康之路，却是充满艰难险阻，困难重重。因为父母纵然可以坚毅地面对外界异样的眼光，但孩子的童心要同时面对师长与同侪的压力，却是不可承受之重。

正在困顿苦思的状态下，一阵机缘巧合，让我翻阅了一本妻子悄悄放在案头的书——《病是教养出来的》，一步步被引领进入了“人智哲学”与“华德福教育”的知识殿堂，也才寻得带来希望的曙光。原来，与其在体制内的教育环境奋力披荆斩棘，不如找

【安亲班】父母因工作忙而在孩子从学校下课后将孩子托付到专门的督促学习的场所，辅导作业、复习和预习功课。

到一群理念相近的家长、老师和学校经营者，一起呵护一片小小的园地，撒下希望的种子。

自认为深爱孩子，对他的理解竟如此浅薄

就这样怀抱着憧憬，我的孩子进入了“丰乐华德福幼儿园”，妻子也参加了华德福幼儿教育学程，努力学习如何照顾幼儿的身心灵。将近一年的时间过去了，回想来到这儿之前，我的孩子在我眼中，有着成熟懂事、擅于等待、大方开朗、给他明确指令便可快步跟上的性子，可却常在不明原因之下，宣泄出如同火山爆发般歇斯底里的情绪，令我们夫妻相当困扰，却百思不解。

来到这儿以后，在老师们的观察与协助之下，我和妻子半信半疑地从本身做起，尤其是从父亲的角色开始，改变对待孩子的方式和心情。渐渐地，孩子展现出让我们耳目一新的转变。他学会说出心底的委屈，不再压抑情绪；难过或哭泣时，开始愿意向爸爸寻求支持和安慰，也不会再孤独地躲在僻暗的角落里“冷静”。

我才终于发现，原来我的孩子其实是怕生、害羞、动作慢的人，却善于隐藏本身焦虑和不安的情绪。他在我的强势教养下符合了期待，却把一切的不

适都“成熟”地压抑在幼小的心底。当压抑超出临界点的时候，“火山爆发”出现了，然而，从最亲近的父母脸上得到的响应，却是不耐和不解。很难想象，我们自认是那么地爱孩子、关心孩子，但是对孩子的理解竟是如此的浅薄。如今想来，心中真是万般不舍。

“终于，我真正认识了我的孩子！”这一句沉重却让人庆幸的话，正可以用来作为我心情感受的批注。万幸！我的疏忽与无知，并没有让我到白发苍苍之时才空留余恨。庆幸我们家有缘来到这片爱的园地，得到众人满满的付出与关爱。谢谢你们！所有曾在“丰乐华德福幼儿园”付出的老师及伙伴，你们是孩子生命中的天使！

丰乐华德福幼儿园　家长　Jeffers 爸爸

附录2

与华德福教育美丽的相遇

幼儿园时候的你可曾经写作业写到哭呢？我就有过这样的经验。小小的手握紧细细的笔，努力地想把字挤进小小的格子里。“蝴蝶”“高低”等作业，让我边写边哭、边哭边写……那握笔握到手发疼的日子，我至今依然记忆犹新。因此，若说帮孩子选择幼儿园有何期望，我唯一的希望是孩子可以不用学写字。正在找寻适合的幼儿园时，无意间发现许姿妙医师写的《病是教养出来的》一书。看完后惊艳万分，这就是我想给孩子的成长过程，甚至连我自己都希望能在这样的教育环境下成长。行动派的老公在看完书以后，提出举家搬迁至台中定居的想法。

在充满爱的校园环境安心成长

进入丰乐幼儿园，仿佛来到人间仙境。这里有美丽的草地，木造的滑梯和秋千，干净的沙坑、小山坡及山洞，整个校园好像一座美丽的花园，空气里闻到的是花草树木的芬芳，耳里听到的是轻轻柔柔的歌声。我们参访时，正接近下课时间，接待我们的老师此时抱着一个哭着找妈妈的小女孩。老师见到我们来访，并没有卸下小女孩将她交托给别人，而是依然抱着小女孩，一边拿毛线织成的兔子安抚她，一边带着我们绕校园一周，还不急不徐地回答我们所提出来的问题。

学校里有种菜的菜园，孩子们每天都会去菜园里浇水；有自然生态水池，池内有鱼儿及蜗牛等生物；园里还有一群活泼的兔子，孩子们都好喜欢拿菜叶喂食兔子喔！简简单单地绕校园一周，已经足够让孩子观察许久了。将近一个小时的参访时间，老师始终抱着小女孩，不论小女孩如何哭闹，总是轻声哄着，整个过程老师情绪都十分平稳，一度我还以为是她自己的孩子呢！这些在我的心中烙下很深的印象。

步出校园，我心中已经有了决定——我要让孩子读这所学校。因为我知道孩子在这里将会受到很好的对待，温柔而充满爱心的老师、和善的同学、时时充满着歌声的美丽校园、天然素材的玩具……这是一个洋溢着爱的环境。

每个孩子在刚入学时，都必须经历一段适应期，大哭小叫、十八相送的戏码是新生入学初期必定会经验到的。孩子正在学习适应新的团体生活，家长也在学习放心、放手。我的儿子也是一样，前三天的新鲜感一过，开始哭着不上学，到了校门口变成无尾熊，紧紧地扒在我身上。老师动作轻柔地抱走他，嘴里说着新鲜事来转移孩子的分离焦点。进了校园后，其他同学则主动来牵他的手，就这样手拉着手一起进教室。

我知道这是孩子成长过程中必须自己面对的，而我的心里并没有任何一点不舍或担忧，因为我知道老师及同学们的爱会协助他度过这个适应期。一个多月过去了，有一天儿子对我说："今天来了一位新同学，她太想她妈妈了，想到都哭了。"从那一天起，儿子不再因为上学而哭，甚至会去陪伴其他新来的同学。我感受到孩子的成长，他将适应过程中所得到的关爱，发展出同理心，并适时地回馈出去了。

学校非常重视孩子们的生活节奏及规律性，每天的课程安排节奏流畅，让孩子们能很放心地进入学习之中。另外，也给孩子们很充裕的自由游戏时间，让他们可以尽情展现自己的创作或经验过的事物，藉着这由内而外的展现，抒发或消化所吸收的一切事物。老师也在这个时候从中观察孩子们不同的气质与发展，或是目前所处的身心状态。在与家长会谈时，老师会分享所观察到的点滴，必要的时候，也与家长一起讨论学校与家庭协助配合的事宜，希望帮助孩子们以较为平顺的方式度过成长中种种必须经历的过程，让七岁前的孩子有较多的体力、能量来好好发展身体。

面对病痛，有更健康聪明的选择

幼儿园入学后，伴随而来的生病最让家长忧心及心疼。我的孩子在入学后，三个月内发烧十次，半年内大大小小的感冒达二十多次。我与老公从初期惊慌失措担心不已，到后来已经学会心情平和地照顾孩子，陪伴孩子去经验生病时的不舒服。这一路下来，孩子没有吃任何的西药，没有做任何强迫退烧的处置（吃退烧药或用退烧塞剂）。在学校举办的家长座谈会及幼教课程中，我学到许多居家护理的常识，例如，孩子发烧时，可以让他洗柠檬澡，用柠檬水热敷脚。另外，我们有临床经验丰富的许姿妙中医师作为最佳顾问，孩子生病时期的中药治疗，生病后的身体调理，全靠许医师的帮助。

生病是每个孩子都会发生的事情，我之所以能够从容面对，是因为有人智医学的居家护理知识，及配合可信任的中医师治疗。我知道大人的心情越从容，情绪越平稳，孩子就越能在平静的氛围中得以好好休息痊愈。这个时候放心相信孩子的自愈能力是很重要的。现在，儿子每次生病的间隔周期逐渐拉长，抵抗力明显提升了许多。

陪伴孩子也自我成长，释放多年对母亲的怨怼

在接触华德福这样的教育方式后，我学会放慢脚步看待孩子及自己，放下一颗不断给予却慌张的心，学习耐心等待孩子的成长，从中我竟然发现自己长期以来不安的心。我习惯要求自己做到该有的标准，在带孩子的过程中也是这样。我不想要跟自己的母亲一样，因为自己情绪不稳定而打骂孩子，但是长时间带孩子的体力疲累、心情烦躁，在孩子经常调皮时，很难不情绪决堤。打了或骂了孩子以后，情绪有了出口，但是接着心情更加沉重，不断地责怪自己——这样的我与自己的母亲又有何不同呢?

这种情绪在接触华德福教育的初期，达到了最高峰。在一次自我责备的情绪里，我突然醒悟到是我把自己理想化了，我并没有认清自己，未能接受当下的自己，只是为了自己无法达到理想中的境界而沮丧不已。这样的领悟让我好开心，因为我发现自己的问题症结点了。而在细细思索的过程中，我也更加体会到我的母亲养育四个孩子的艰辛，她给予我们当时她所能做到的最好的方式了，她已经尽力了……我终于感受到母亲满满的爱，也得以释放对母亲的不满。

孩子是大人甜蜜的负荷，这是大家所知道的，而遇上了华德福教育后，孩子变成了生命中的礼物。因为用这样的教育方式带领孩子的过程中，会让人不断地回顾自己的成长历程，而清楚自己孩提时所受的伤，再以现阶段成人的智慧与理解力去看待当时的伤痛，往往会在当时让我们受伤的行为背后发现爱，感觉自己跟着孩子再一次成长，而这一次是在满满的爱中成长的。

在华德福教育下的收获，远超过预期和想象

华德福教育很重视与大自然的接触，孩子会用全身的感官去感受四季的变化。春天来临时，空气中的温度上升、湿度增加，百花盛开、虫鸣鸟叫、蝴蝶飞舞，顿时大地热闹了起来。相较于冬天时，灰灰的天空、干枯的草地、褪去叶子光秃的树枝等，有着非常不同的景象与感受。春天的一个早晨，送孩子进校园时，孩子扬着笑脸大叫："妈妈你看，树上长出了小小的叶子。"接着开心地与我挥挥手。春天愉悦的生命力，孩子感受到了，也开启了他愉快的一天。

今年四月，家里书房窗台上飞来斑鸠，下了两颗蛋。斑鸠妈妈每天坐着孵蛋，约三周后幼鸟破壳而出，再经历两周的成长，飞离了窗台上的窝。我们很

幸运得以近距离观察到自然的鸟类生活，孩子也从中学到了“等待”：等待鸟妈妈孵蛋；等待小鸟们渐渐长出羽毛；等待鸟妈妈寻找虫子回来喂食小鸟们；等待小鸟们长大展翅飞离……孩子发现，原来在电视动物频道上约三十秒的镜头，在现实生活里，其实是需要一个月的时间才能完成的。在小斑鸠们相继飞离后的某一天，孩子画出了心中的感受与记忆——窗台上，母鸟坐在窝中孵蛋，四周围绕着一圈的虫子。孩子说，这样小鸟就可以开心地吃虫子了。孩子画出了母鸟的母爱，也画出了自己对小鸟们的爱，希望给予它们足够的虫子。

孩子就读华德福幼儿园一年后，我发现不只孩子改变成长了许多，大人的成长更大。当老公发现自己对孩子的影响力是如此的深远，而且无可替代，他愿意花多一些时间陪伴孩子。渐渐地，孩子与爸爸更亲近了，会爬到爸爸坐的椅子上，从背后抱住爸爸甜甜地说：“我最喜欢爸爸！”这是身为另一半的我无法给予的甜蜜。很爱家的老公，因为不得方法而与孩子有距离。在接触华德福教育后，老公发自内心的转变，让一切都不一样了，家庭气氛也更加温馨，这是我们全家意外的收获。

我们一家人从丰乐华德福幼儿园获得的爱、帮助与成长，远远超过我们的预期与想象。在此，我要致上深深的感谢，谢谢丰乐华德福幼儿园所有的老师们，谢谢您们给予孩子满满的爱、适当的帮助，也让身为家长的我们感受到爱的力量，内心充实丰盈，谢谢您们!!

丰乐华德福幼儿园　家长　蔡佳芬

附录3

创造性的规范

规范存在任何的环境里，尤其是在团体生活中，为了维持团体秩序和安全，更加突显了规范的必要性与重要性。

传统教育下的规范，让老师好威严

过去我在幼儿园任教十几年的经验中，规范只是要让孩子乖乖的、不捣乱，让一切快节奏的学习步调能一节一节的顺利推展下去，所以规范是非常制式没有弹性，甚至是命令式的。虽然有时候也会和孩子一起讨论班级应该遵守的规范，例如在教室要用走的，要小声说话等等，就像是班规，还会在订定班规后加订违反的孩子必须限制游戏等等的处罚方式。团体讨论和一起订定规范内容的过程，看似对孩子采取了开放、尊重的态度，但是现在回想起来，那些讨论的内容其实是老师内心期望孩子做到的规范，只是通过公开讨论的方式引导孩子说出老师心中既定的答案而已。

在快节奏的学习步调里，孩子一堂接一堂赶着学习不同领域的课程，美语、体能、数学、注音符号……面对孩子的行为，老师没有太多时间去观察，去了解行为背后的原因，进而帮助孩子。只能一声令下，利用剥夺权利、恐吓威胁的方式，希望孩子赶紧停止玩闹或分心，好让课程能顺利进行下去。顿时，老师的角色变得好威严，孩子是因为怕老师而改变行为，却不知道行为背后可能引发的问题。记得那时候曾问孩子："为什么不能这么做？"孩子回答说："因为老师会骂。"担心孩子的回应与想法不恰当，老师又得赶紧再解释一番。那时，管理孩子让我变得暴躁紧张，于是开始反省担任幼儿教育老师应有的态度。

什么是创造性的规范

现在，我来到丰乐幼儿园，在孩子缓慢的步调和流畅的生活节奏中，老师能静心专注在孩子身上，孩子在这样的学习氛围中，能愉悦地、自然地表现出真实的自己。透过校内个案讨论、老师彼此间的经验分享和师资培训过程，我能更加了解孩子的个别差异和行为背后可能的原因，并给予适切的协助。在不断的自我成长中，帮助自己重新认识什么是规范，也将自己重新定位。

创造性的规范对老师来说深具挑战性。每天要面对不同的情境，不同年龄的孩子，以及来自不同家庭的孩子所获得的生活经验与习惯差异，还有各式各样的情况会发生。因此，同一个规范并不一定适用于每个孩子，规范的内容也没有标准答案，所以称之为创造性的规范。以下是在幼儿园中几项实际施行过的创造性规范。

案例1：在户外时，孩子捡拾地上尖锐的树枝当枪在玩耍，并且在另一个孩子面前比划，有时还会作势要发射子弹，发出“砰砰”的声响，老师觉得这样很危险，该怎么做呢？

创造性的规范：老师扮演修理枪的人，对孩子说：“你的枪看起来坏掉了，应该要送到工厂修理，我帮你送去修，你可以先玩别的。”边说边将树枝拿走，转移当下可能发生的危险和冲突。

案例2：孩子模仿电视情节，出现了不当的言词和攻击行为。

创造性的规范：当孩子出现攻击行为，老师会先拥抱孩子，避免孩子受伤，然后透过按摩和身体接触的温暖，软化孩子肢体的僵硬；若是出现不当的言词，老师会通过说故事、演布偶戏来引导，转化电视的内容，并且提供美好的语言，让孩子在耳濡目染之下学习说出适当的言词。提供良好的示范与模仿对象，能令孩子改善肢体表现与言词，同时也能帮助孩子融入小组和团体生活，拓展人际关系。

案例3：自由游戏时，一个孩子假装在玩吸尘器吸东西，发出很大的声音。

创造性的规范：老师走到孩子身旁看了一下，作势找到吸尘器的声音钮，并对着孩子说："哇！你这台吸尘器很好用，它有声音钮，转一下就可以变小声了耶！"说完，作势转动声音钮："已经变小声了喔！"孩子会融入其中，顺势降低声量，继续开心地玩吸尘器游戏。

案例4：自由游戏时，多数孩子玩得兴起而音量变得太大。

创造性的规范：哼唱轻柔的歌曲，当孩子的感官注意到这轻柔的歌声会跟着哼唱，慢慢调整声量。

创造性的规范除了对当下发生的事情给予引导，

也可以透过机会教育的方式建立，藉此帮助孩子有更深刻的体会和培养同理心。老师也可凭借着经验和观察意识到的“在何种情境以及孩子的特性可能发生的危险”，立即判断出规范的方式，所以规范其实是非常有弹性的。

当一切都是以“人”为出发点时，就会遇见自己及自己想要做的。感谢丰乐幼儿园，感谢华德福教育，让我找到自己担任幼教老师的初衷，那就是能专注地、和善地陪伴每一个孩子，帮助每一个孩子。

丰乐华德福幼儿园教师　任美凤

附录4

我对主流教育的省思
及对华德福教育的侧面观察

生物是多样性的，人也是如此，所以我不相信有哪一种教育体制可以适用所有的小孩。并不是说现在的主流教育不好，它可以有效率地筛选培育出社会需要的精英，让这个社会确实地运作下去，但是所付出的代价就是“扼杀其他小孩人生的可能性”。（依照20/80法则，那“其他小孩”所占的比例可不小呐！）

学业成绩顶尖的天之骄子，生活却贫乏得可怕

以我来说，我是台湾典型教育政策下的产物——典型的乡下小孩，典型的资优班学生，典型的国立大

学毕业生。

由于某些个人因素，使得小时候的我放了不少心思在课业上。那时没有周休二日，每天都得起早上学去，摸黑回到家。在校时间从早七点到晚九点半，周日也要固守教室半天。

那时，我很认真念书，也相信老师们说的“好好念书，考上第一志愿高中就可以放心玩了”。所以我就这样考上了嘉义中学。虽然很快就发现国中老师说的是谎言，然而我还是又选择相信高中老师说的“好好念书，考上大学就可以由你玩四年”。

高中的我参加了天文社，担任干部，也当上班联会副总干事，甚至拿到嘉中的旭陵文学奖。至于学业表现就更不用说了，每次考完大考，玄关总是贴着我的照片。

然而高中的我对这个世界有很多疑惑和好奇，只是被功课和成绩压得喘不过气，没办法好好探索，教科书就是我当时的世界。上了大学以后，我终于有自己的时间去做想做的事，也有幸结交志同道合的好友，让我开始旅游，见识这片生养我的土地。这也开启了我的登山之路，同时启蒙了我对人文的关怀，对台湾的爱。

大学多彩多姿的生活让我从空洞的书本转而探索真实的世界，我能骄傲地说：“我的大学生活每天都在积累生命的价值和厚度，这四年真的没有白活！”

【嘉义中学】嘉义地区第一志愿，亦为台湾知名高校。

此时，我突然如梦初醒，发觉到和丰富的大学生活相比，我的国高中生涯真是空白得可怕。我大学一年所获得的，就远比国高中六年的加总还令我骄傲，令我觉得真实有意义，这才应该是“我的人生”，不是吗?

成绩或许很重要，因为它让我有机会上大学受更好的教育，但是必须以我六年宝贵的青春岁月为代价，而且我完全没有选择的权利，只能在父母师长期待的压力下任随安排，莫名其妙地考上世俗所谓的明星高中、明星大学。现在回过头来看，即使上更好的高中和大学那又如何，那毕竟不是我选择的人生。

我后来甚至又慢慢发现，以往的我多么骄傲自大，一切唯我独尊不懂感恩。以前老师总要我们课业成绩好的学生去辅导成绩跟不上的同学，但是我打从心底鄙夷这些表现不佳的同学，认为他们用功不够、努力不足，所以成绩不好是他们自己的错。

单一的价值灌输，扭曲了人性本质

直到大学，我才逐渐领悟到，每个人天赋不同，家庭条件不一，智慧开窍的时间与程度也有别，不能单以课业表现断定一个人的存在价值。

而我的鄙夷态度和刻板印象竟是来自从小所受的

【国高中】国中和高中，即初中和高中。

教育。以往的教育本质便是“竞争”，成绩就是评定一切的标准，优胜劣败的残酷法则在教室里活生生地上演。正是所谓“一将功成万骨枯”，成绩优秀的学生踩着成绩差的同学往上爬，想要在这个体制里获得荣耀，就得牺牲别人，因为只有名列前茅才会被这个体制认可。为了享受虚荣的掌声和认同，我的代价就是丧失了最基本的人性关怀。

当我更进而意识到自己很多思考决策是出于效率而非人性，当自我剖析后发现自己已经变成一个没有同情心和同理心的人，突然感到自己很可悲也很可鄙。我应该是个“人”，是人就应该具备一颗“仁心”，而非冷眼旁观他人的不幸，并且无情的批判。

我也发现自己非常不懂得感恩，总认为成绩好是自己苦读来的，老师和父母一点贡献都没有。我认为自己所有的一切都是应得的，因为我成绩好，因此有资格睥睨他人。也因此，我在可以报答父母时没有好好感激，却心怀怨怼，那几年成为我心中的小遗憾。

考试机器兼生活白痴的我，
对比华德福学生的独立自主，
深感汗颜

反思台湾主流教育在我身上的“遗毒”，除了缺乏人性关怀和温暖的本质，我还是一个“手不能提，

肩不能挑”的考试机器，至今留下的副作用就是典型的“生活白痴”。我不会煮饭，不会缝纫，音乐、美学、工艺、绘画都是我的致命伤，虽然有心向往，但是没有机会好好接触学习。所以当我前年和朋友凯特去华德福小学接她的孩子放学，现场亲眼看到华德福国小学生盖的木柴稻草房时，震撼到不能自已。

虽然之前曾在《商周杂志》看过华德福相关的教学报导，很佩服那种用歌声迎接一天，透过绘画学习的方式，但顶多觉得这不失为尊重小孩的教育方式之一，并没有太多感动。直到这时候，我才明白自己原来不是没有手作的天赋，而是我的教育环境不曾给过我这个机会。

书本的世界很小，真实的世界很大。以往的教育只让我学会从教科书中认识这个世界，却抹煞了我的天赋本能。我对华德福教育了解不深，但我眼中所看到的华德福教育确实是用我们人类与生俱来的天赋和眼耳口鼻意等感官来感受这个世界。

之后断断续续地从凯特和杂志得知华德福相关的教育方式和理念，后来甚至听说有高中生自己跑去德国参访，然而我那时依旧认为这些不过是特例，以为这些学生或许是家中条件特殊，能够经常接触国外事务。直到去年四月，有机会和华德福高中生一同去嘉明湖登山，才让我为之改观。

那时一行人分A、B两条路线。A线走新康横段七天，B线走嘉明湖轻松行四天。两队分道扬镳时，我才得知教练原来也要跟着我们下山，所以A线是由学生自己带队。即使从凯特那里得知这些学生大多从国小便开始爬山，有人甚至已经拿到向导证，但还是令我感到难以置信。

毕竟高山领队除了专业登山知识外，还需要解决人员分配、公粮水源背负、危机处理等问题，甚至是人际争执……这些，连大人都不见得能搞定，却交由一群高中生群策群力去完成。这又让我想起自己的高中生涯，顶多搭公交车去阿里山夜观星月，和华德福学生的独立自主相比 ，自觉逊毙的我当下不禁汗涔涔而泪潸潸了。

我想，如果他们在高中就有如此胆识，那将来还有什么是不可能的呢?

而当我看到他们平安下山，才知道原来勇闯德国的华德福高中生并不是特例，因为华德福教育的本质就仿如一片沃土，让每一颗栽下去的种子都能适情适性的发展。当这些种子准备好要开花时，便会绽放出独一无二的生命本我，而华德福教育的成果，远远不是我们以往揠苗助长的盆栽式教育所能比拟的。

华德福教育是有无限可能的教育，而且是关心灵魂的教育

以前的我没有选择，只能接受主流的传统教育。如今看到华德福的学生，老实说我很羡慕也很希望有机会能跟着学习，试图找回当年遗失的自己，让我的后半人生更加开阔美好。

我很佩服华德福回归教育本质的教育理念。主流教育并不是完全不好，但是个人活到现在，越来越深切感受到自己是传统教育体制下的受害者。这一套教育并没有教会我太多，倒是一直在压榨我在智能上的些许优势，压榨完了只换得一个稳定温饱的生活，却无法给我一个足以发展潜能的充实人生。我稳定的生活必须以我的无限可能性作为代价，而这个代价对现在的我来说太高了，因为时间已经不站在我这一边。

当然，我相信华德福教育在执行上不见得完美，但和我以往所受的教育相比，我认为华德福教育才是“人”的教育，是有“无限可能”的教育，而且是关心“灵魂需求”的教育。如果我的人生能再有一次选择，我希望自己可以接触更多华德福教育，有机会找回自己曾经有过的天赋和人生的可能性。

体制内高等学校行政主管　柯长志

毛毛虫童书馆其他图书：

《怎样满足婴儿的心灵》
定价：29.80元

这本书是日本“育儿之神”内藤寿七郎先生长达六十年的经验结晶，也是日本小儿医学界的巅峰之作。全书分八章，包括了122个育儿方面的妙策良方，作者用温和恳切的言辞，让父母明白慈爱、笑脸和自信是给孩子心灵最好的营养，鼓励他们用充满爱意的眼神培养孩子的温暖之心。

《中国山川故事》
定价：336.00元（全十六册）

每条河，每座山，都有一个动人的传说；《中国山川故事》，共十六册，分别讲述了十六个名山大川的传说，这些传说，带给孩子们勇气、善良、信仰……让中国的孩子，从源头上认识祖国的河山，了解祖国的人文地理，在未来的人生道路上，有勇气去面对困难险阻。

从2009年到现在，我们已经推出了6套童谣书，形成了一个完整的童谣产品系列。我们为什么专注于童谣出版呢？研究发现，童谣能将孩子成长需要的精神营养和学习语言、进行游戏的实用功能完美结合，这一点其它读物无法替代。而大量妈妈的反馈，也在实践层面证明了这一点。这就是我们的童谣系列产生的背景。

《凯迪克的图画书》

《凯特·格林威的图画书》

《凯迪克与凯特·格林威图画书精选集》
定价：228.00 元（全两册附赠英文小册子）

这是两本欧洲最经典的传统童谣集，世界图画书之父凯迪克、凯特格林威的经典作品。看这两本书，走进世界图画书的源头。

《小燕子穿花衣》
定价：46.00元

《小燕子穿花衣》，是一本能歌唱的图画书，共收录21首脍炙人口的儿歌。这些儿歌，全中国的父母都会唱，有些歌，爷爷奶奶也会唱。现在，让孩子依偎在妈妈怀里，在妈妈的歌声中，感受爱，共享父辈的记忆。

《中国童谣》
定价：56.00元（全八册）

全套共八本，四本传统童谣，四本现代童谣。传统童谣由儿童文学作家金波选编，现代童谣出自著名当代诗人李光迪之手。全部图画出自著名画家胡永凯、田原之手。

《四季儿歌—春》

《四季儿歌—夏》

《四季儿歌—秋》

《四季儿歌—冬》

《传统童谣—小老鼠》

《传统童谣—开城门》

《传统童谣—不倒翁》

《传统童谣—放风筝》

《跟妈妈玩童谣》
定价：19.00元

《跟妈妈玩童谣》是一本能玩的童谣书。本书由奥尔夫音乐教师许爱靖编写，精选100首游戏童谣，按照肢体抚触、亲子游戏、手指游戏、集体游戏四大类，有针对性地进行游戏示范和指导。

本书配有真人实拍的游戏示范视频，共100个视频，对应100首童谣，帮助家长了解童谣游戏的操作步骤。

优酷、新浪播客、毛毛虫童书馆的新浪微博上均能找到这本书的全部视频。

《听妈妈念童谣》
定价：39.00元

这是《跟妈妈玩童谣》的姐妹本。本书由著名儿童文学作家鲁兵编写，收录343首广为流传的传统童谣，并按地域进行了分类。这些童谣，曾经伴随着我们成长，在我们的心中埋下了美好的种子。这次，让我们和孩子一起再次念起这些童谣，重温童年的美好。